A Fragmentação
da Personagem

Coleção Estudos
Dirigida por J. Guinsburg

Equipe de realização – Edição de texto: Yuri Cerqueira dos Anjos; Revisão: Marcio Honorio de Godoy; Sobrecapa: Sergio Kon; Produção: Ricardo W. Neves, Sergio Kon, Raquel Fernandes Abranches e Luiz Henrique Soares.

Maria Lúcia Levy Candeias

A FRAGMENTAÇÃO DA PERSONAGEM

NO TEXTO TEATRAL

cip-Brasil. Catalogação-na-Fonte
Sindicato Nacional dos Editores de livros, rj

C129f

Candeias, Maria Lúcia, 1943-
 A fragmentação da personagem: no texto teatral / Maria Lúcia Levy Candeias. – São Paulo Perspectiva, 2012.
  (Estudos, 297)

  Inclui bibliografia
  ISBN 978-85-273-0943-1

  1. Teatro. 2. Teatro – História e crítica. I. Título. II. Série

12-0181.   CDD: 792
                    CDU: 792

10.01.12   11.01.12   032506

Direitos reservados à
EDITORA PERSPECTIVA S.A.

Av. Brigadeiro Luís Antônio, 3025
01401-000 São Paulo SP Brasil
Telefax: (011) 3885-8388
www.editoraperspectiva.com.br

2012

Sumário

Minhas Convicções.................................. xi
Introdução xix

A PERSONAGEM E SUA FRAGMENTAÇÃO........... 1
    A Crítica e a Personagem Fragmentada 1
    A Cultura e a Fragmentação da Personagem......... 3
    Personagem Fragmentada e Desdramatização
    do Drama 18
    Personagem e Modelização...................... 19
    Personagem Fragmentada e a Fusão dos Gêneros.... 22

A PERSONAGEM ÍNTEGRA 23
    Em Contexto Integrado......................... 29
    Em Contexto Desintegrado 30

A PERSONAGEM FRAGMENTADA................... 35
    Em Contexto Integrado.......................... 54
    Em Contexto Desintegrado 59

FRAGMENTOS DE PERSONAGEM:
UM TEATRO SEM PROTAGONISTA................. 69

Bibliografia.. 93

A meus filhos
Mariana
Manoel
Daniel

Minhas Convicções

A minha formação profissional sempre levou em conta a estética e a história. Consequentemente, toda a minha crítica tem um enfoque histórico, no sentido de perceber cada processo dentro do seu próprio contexto de época, pois acredito que a consciência do processo histórico é vital, e é o cerne da cultura. Trata-se de um viés que não está em moda nos dias de hoje. Há uma tendência da crítica, especialmente da crítica acadêmica atual, em adotar leituras semióticas que são sincrônicas. A meu ver, sem a consciência do processo histórico elimina-se a visão crítica, olha-se a criação sem contexto. Felizmente há alguns autores que utilizam os dois critérios.

Existem alguns aspectos que vêm sendo questionados, especialmente pelos semioticistas.

A divisão de gêneros, por exemplo, em lírico, épico e dramático tem sido considerada obsoleta na medida em que os três gêneros se misturam o tempo todo.

Na verdade, o lírico, o épico e o dramático são conceitos que existem para que possamos compreender os fenômenos, operar com eles. São abstrações criadas pela própria crítica, principalmente a partir de Aristóteles. É evidente que não há o lírico puro ou o épico puro ou dramático puro. Como Hegel aponta, o teatro – que pertence ao gênero dramático por excelência – pode ser lírico, como no romantismo, ou épico, quando se dedica a um herói que conquistou mundos. Quando, por exemplo, há a intervenção do narrador em uma peça, há ao mesmo tempo o épico e o dramático. Portanto, essa divisão é pedagógica, não existe de fato.

Emil Staiger, em *Conceitos Fundamentais da Poética*, considera que o lírico, o épico e o dramático correspondem a tipos de vivências humanas. O lírico é subjetivo, trabalha com a recordação de uma sensação passada. O épico é objetivo e trabalha com a narração de uma sensação passada. O dramático funde os dois e trabalha com eles presentificados através de personagens. Uma visão ampliada do que já constava na *Arte Poética*, de Aristóteles.

O mesmo acontece, por exemplo, com a tradicional divisão de *tragédia*, *comédia* e *tragicomédia*. Na atualidade só existem tragicomédias: não há tragédia pura ou comédia pura escritas no dia de hoje. Mas há tragicomédias com acento cômico, como é o caso das peças de Ionesco; e outras com acento trágico, como em Beckett.

O GÊNERO DRAMÁTICO E O DRAMA

Sobre o gênero dramático, última divisão do sétimo volume da *Estética* de Hegel – dedicado à poesia –, o filósofo alemão considera que a tragédia grega foi a mais pura manifestação do gênero dramático, pois apresenta um equilíbrio perfeito entre o épico e o lírico, na medida em que dá exatamente o mesmo peso para os aspectos objetivos e subjetivos.

Aponta Hegel que, no drama romântico, o que se vê é o crescimento do subjetivo (leia-se psicológico), em detrimento do objetivo, enquanto na construção do herói grego há uma coincidência entre psicológico e ação – a personagem age de acordo com o que pensa e sente, a ponto de ser possível perceber suas razões quase somente através de suas ações (não há rubricas, nem confidências, como no teatro posterior). No drama, a dúvida amplia o papel do subjetivo.

O surgimento dessa psicologização do drama é fruto da sociedade ou da mentalidade da época. Os fatores mais decisivos para o seu nascimento foram as obras de Maquiavel e o cristianismo.

Maquiavel questiona o conceito de homem como imagem e semelhança de Deus, na medida em que o mostra movido por interesses e sem quaisquer escrúpulos em agir para atingir seus fins, como se pode verificar na carta intitulada *O Príncipe*. A partir desse conceito, o artista deve mostrar seu herói dramático como alguém coerente em vários contextos, para provar que ele não é um manipulador ou hipócrita, mesmo em condições adversas, visto que o caráter não é mais considerado imutável. Dentro dessas premissas encaixam-se, por exemplo, heróis românticos como Egmont, de Goethe, ou Danton, de Büchner.

O cristianismo pode ser entendido como um fator importante para o nascimento do drama psicológico pois adota o tema do exame de consciência e do arrependimento como fundamento para o perdão e, portanto, valoriza o conflito interno, característica típica do drama, em que as personagens são psicologizadas.

Peter Szondi, em seu *Teoria do Drama Moderno*, mostra-se de acordo com as opiniões expostas por Hegel acerca da divisão em gêneros e sua evolução histórica, em que o gênero dramático é resultante do equilíbrio entre os gêneros lírico e épico, porém considera que tal equilíbrio encontra sua forma perfeita no drama classicista.

É fato que Racine e seus contemporâneos classicistas lidam pouco com a subjetividade se comparados a autores como Shakespeare ou mesmo Ibsen, na medida em que pretendem defender as premissas do absolutismo e sua estrutura rígida, que admite o caráter humano como algo imutável, aproximando-os dos gregos clássicos, que os inspiram. Porém, a busca por afirmar o determinismo se dilui em outras influências do contexto histórico em que vivem, marcadas, como já citado, pelo cristianismo e pela obra de Maquiavel. A tendência à valorização do individual se manifesta nas obras classicistas através de recursos como confidências e solilóquios, que indicam psicologização, revelando desequilíbrio entre os aspectos objetivos e subjetivos.

Já a personagem romântica surge principalmente das mãos de Shakespeare que se inspira nos espanhóis que o antecederam – do

Século de Ouro (Lope e Calderón entre outros) – os quais tiveram acesso à Antiguidade via Sêneca, que habitava onde hoje é Córdoba, região que pertencia, na época, ao Império Romano. Para o grande dramaturgo desse império – um estoico –, o trágico estava em se deixar levar pelas paixões e não vinha nem do cosmos e nem de Deus ou dos deuses. Vale lembrar que o movimento romântico era extremamente cristão, luterano ou não. E para os cristãos é a consciência que nos permite ouvir os desígnios de Deus. A consciência ouve a razão e a paixão e age (ou deveria agir) pelo sentimento, que seria uma síntese de ambos, mas os heróis da primeira metade do século XIX movem-se pelas paixões, e, na maioria da vezes, acabam se prejudicando. O romantismo é o movimento que valoriza as mulheres vistas como mais puras do que os homens, sendo assim, o embrião do feminismo e da libertação feminina no Ocidente. Em se tratando de teatro, o primeiro grande autor feminista é Ibsen, pois as mulheres, nem mesmo George Sand (que era romancista bem sucedida), não escreviam para o palco.

No meio do século XVIII surge Adam Smith, para quem até os desejos de enriquecimento dos homens levam à riqueza das nações. Já no século XIX, aparece Darwin com a ideia de que o homem e o macaco compartilham uma ancestralidade e de que as paixões e desejos têm raízes na animalidade humana. Durante o realismo passamos à psicologia, ao interior das personagens que aceitam – também devido ao cristianismo – seus limites como homens. Limites esses que se diluem bastante no naturalismo, influenciado pelo positivismo e pela confiança total na ciência, motivo pelo qual procura equiparar emoção e razão nas personagens.

Mesmo assim, muita gente não se conforma com os limites do homem, nem necessariamente acredita no cristianismo. A Europa alcançara o Oriente; Maquiavel, para quem o homem é intrinsicamente interesseiro, já expusera as entranhas do poder; a Inquisição havia acabado; havia sido posto limite à intromissão da igreja em assuntos do Estado; o índex católico não mais ditava a consciência do continente europeu. É nesse contexto que surge o simbolismo com sua fé maior na intuição do que na razão e sua busca pelo transcendental, sob influência de Henri Bergson cujas ideias estão mais próximas das de Jung.

A questão se altera substancialmente com as descobertas da Gestalt (Kofka e Köehler) que pesquisam sobre a percepção de homens e animais (muito antes da *Gestalt therapy*). Suas conclusões são, entre outras, as de que a percepção humana e dos animais é totalizadora. Assim sendo, devido às leis que regulam a percepção, tais como proximidade, similitude, entre outras, ocorrem muitos fenômenos: assim uma sequência de notas é apreendida como uma melodia, uma totalidade; um quadrado é visto com uma forma integral ainda que seja formado apenas por linhas retas semelhantes etc. Esse tipo de descoberta gera um enorme ceticismo e falta de confiança na possibilidade de uma ciência inquestionável, dando origem à artes do século XX, como o movimento dadaísta, assim como, até certo ponto, ao surrealismo. Não é o caso do expressionismo que enfoca mais Freud e tem fé no inconsciente, mas é o caso do absurdo. (Não me esqueço do professor Anatol Rosenfeld se referindo a esses movimentos artísticos dizendo: "a humanidade chora a perda da crença no absoluto".) Nessa altura, contexto e personagens são fragmentados, pois a unidade é uma ficção de nossa percepção.

Dessa forma, parece-nos que, como afirma Hegel, a Tragédia Grega de fato é a manifestação mais perfeita do gênero dramático. Porém, a partir dessa convicção, Hegel atesta que, com a psicologização do teatro moderno, decorrente da valorização da subjetividade em detrimento dos aspectos objetivos, fomenta-se o desaparecimento do próprio gênero dramático, já que este depende do equilíbrio entre o épico e o lírico.

Diante das mais diversas expressões teatrais da contemporaneidade – teatro narrativo, teatro físico, teatro-dança, teatro sem ação, entre outros – seria impossível dar razão a Hegel no que diz respeito à "morte do teatro"; por outro lado, o caráter híbrido do teatro contemporâneo condiz com a teoria hegeliana na medida em que já não se pode conceber a manifestação do gênero dramático puro.

Nesse ponto, retomamos a questão da divisão dos gêneros, voltando a afirmar que tal divisão, ainda que não se mostre no teatro que se vê nos palcos de hoje, continua sendo útil para a compreensão do teatro como forma de conhecimento, o que inclui a análise dos espetáculos teatrais, matéria pertencente à crítica.

SOBRE A PERSONAGEM

A arte contemporânea, com sua miscigenação de formas e linguagens, gera as mais variadas manifestações artísticas e, consequentemente, diversos questionamentos de conceitos e premissas que, em outros tempos, poderiam parecer verdades indubitáveis. Ainda assim, a própria necessidade de compreensão das artes como parte do conhecimento humano ou manifestação de um fenômeno gera a busca por aspectos que, inerentes às linguagens, as caracterizem.

Expresso aqui a convicção de que, assim como o ator e o espectador são imprescindíveis para o teatro em ato, na dramaturgia a personagem é fundamental. Porém, compreendo que o próprio conceito de personagem está suscetível a questionamentos, o que se manifesta nas diversas teorias e classificações traçadas a seu respeito, ao longo da história do teatro.

Em algumas das principais obras de Anatol Rosenfeld, como "Literatura e Personagem", em *A Personagem de Ficção*, *Texto/Contexto* e *O Mito e o Herói no Teatro Brasileiro*, encontra-se o conceito de *personagem típica*. Atribui-se a essa personagem uma essência imutável, com traços definitivos e discurso coerente; também chamada de *personagem íntegra*, apresenta total integração entre ação, gesto e palavra.

Essa personagem corresponde a um período histórico em que se acreditava no caráter humano como essencial e imutável – característica típica das tragédias gregas. Em Édipo, por exemplo, a justiça apresenta-se como um traço imutável de seu caráter. Trata-se de uma justiça absoluta determinada pelo seu destino: ele tem que salvar a pólis.

O pensamento hegeliano vê esse tipo de personagem como a personificação de uma qualidade. Por isso, pode ser definida como a encarnação de uma emoção, ou de uma ideia, sendo identificada como um arquétipo.

Há uma sugestão de Patrice Pavis, em *Dicionário de Teatro*, que classifica as personagens em *existencialistas* e *essencialistas*. Ou seja, há personagens que se transformam ao longo da história e outras que apresentam, no decorrer da fábula, uma essência imutável. Esta última categoria assemelha-se à definição de Rosenfeld, já citada.

A divisão de Pavis parece, num primeiro momento, acolher

qualquer tipo de personagem. Porém, quando no teatro contemporâneo a situação dramática é uma personagem, ou ainda a personagem principal, como em muitas peças de Samuel Beckett, já não se pode afirmar que os seres ficcionais presentes se encaixem dentro dessas duas denominações propostas por Pavis. Em Beckett, as personagens são fruto de uma situação dramática imutável: nem permanecem fiéis a sua essência – que sequer se define – nem se transformam no decorrer do texto.

Em contraponto à personagem típica, aparece a personagem característica, pertencente a um período em que o individualismo e a psicologização mostram-se mais constantes do que personagens arquetípicas, com caráter imutável. Pertence ao drama burguês ou às obras de Shakespeare. A loucura de Ofélia não é decorrente da vontade dos deuses ou do seu destino, mas da relação intersubjetiva e de poder que estabelece com outras personagens, como Hamlet.

A questão fica ainda mais clara se compararmos Dom Carlos, personagem da peça *Os Ladrões*, de Schiller, e Édipo. O mito grego apresenta uma justiça inquestionável. O drama de Schiller, inspirado em Robin Hood, mostra uma justiça relativa: roubar dos ricos para dar aos pobres. Justiça esta que depende, inclusive, do contexto histórico – no caso, a divisão social em ricos e pobres.

Dessa forma, o caráter definido por esse tipo de personagens depende das características do período em que foi concebida.

Henri Bergson, em *O Riso*, discorre sobre as personagens presentes na comédia. A personagem tipo é concebida como um viciado que precisa ser corrigido, conforme afirmou o crítico americano Clive Barns, em *Tragedy & Comedy*. O espectador observa o tipo com distanciamento, não tem empatia ou identificação. A falta de autoconsciência dessa personagem faz com que permaneça presa a um traço de caráter sem reagir às diferentes situações em que se encontra. Um militar típico, por exemplo, não consegue abandonar os procedimentos militares em nenhuma circunstância: talvez até faça continência para cumprimentar a esposa.

O crítico francês Jean-Pierre Sarrazac, em *L'Avenir du drame: Écritures dramatiques contemporaines* (O Futuro do Drama: Escrituras Dramáticas Contemporâneas), apresenta a definição de *personagens atípicas*. Essa denominação visa dar conta de um momento histórico em que os tipos entraram para o teatro dito "sério". Isso acontece quando uma identificação da visão de homem como alguém grotesco, característica por natureza da comédia, entra em pauta, quando o teatro passa a ser principalmente tragicômico. É o caso das personagens alienadas modernas, como as de Beckett.

A definição de *personagem fragmentada*, que abordo neste livro, pretende dar conta de uma tendência que se iniciou no século XIX, em especial no realismo, e mostra-se presente até os dias de hoje. Trata-se, *grosso modo*, da apresentação de personagens que não têm caráter linear, personalidade fixa, mas traços em justaposição. É uma personagem fragmentada, porque sua estrutura psicológica é mais esmiuçada, mais complexa do que aquela apresentada por personagens do drama romântico, por exemplo. Estes, por mais distantes que estejam dos heróis gregos, pela sua psicologização, aproximam-se mais do conceito de personagem íntegra do que de personagem fragmentada, na medida em que, mesmo apresentando pontos de vista relativos, defendem-nos até o final da fábula. Um exemplo está em *Mary Stuart*, de Schiller. Já em *Woyzec*, de Büchner, também pertencente ao romantismo, vê-se uma personagem fragmentada.

Há diversas especificações da personagem fragmentada que se pode verificar a partir do seu surgimento. Inicialmente com Tchékhov, e depois com o simbolismo, em finais do século XIX e início do século XX, aparece uma personagem composta apenas de um fragmento. Eliminam-se detalhes que individualizam a personagem porque se busca retratar "uma alma" ou "um ente", razão pela qual retorna-se uma estrutura mais esquemática. Porém, não se pode dizer que se trata de uma personagem típica, não há personificação de emoções ou de ideias, mas uma metáfora impessoal, da vida e da morte, por exemplo.

Em *Peleás e Melisanda*, de Maurice Maeterlinck, Melisanda é uma mulher de cabelos loiros compridos, com uma coroa que caiu na água. Não se sabe de onde veio e para onde vai. Descobre-se, em um momento da história, que se apaixonou. É tudo: tem dois traços irrisórios e uma ação que não chega a pôr em prática. Quem age é seu marido, Golaud, que não é o protagonista.

Muitas outras classificações foram feitas ao longo da história do teatro. Aqui, essas parecem eficientes como uma visão geral das ideias que determinaram essas diferentes definições.

Introdução

Se não há teatro sem ator, também não o há sem personagem. Pois o ator investido desta função, mesmo num teatro sem texto escrito, assume sempre um papel ficcional, uma personagem.

Num extremo, a personagem pode ser composta e lida como um ser em mutação, como um ser indefinível cuja configuração mal se adivinha e, no outro, como um ser com características precisas e detalhadas (sexo, idade, nacionalidade, relações sociais, situação histórica e descrição psicológica minuciosa) capazes de criar a ilusão de que se trata de um indivíduo em carne e osso, aqui e agora.

Essas diferenças nos intrigavam, sem que pudéssemos compreender inteiramente o problema, ainda no tempo de nossa graduação. O assunto, entre outros, fez parte do curso sobre o fenômeno teatral da disciplina Teoria do Teatro I, ministrada pelo professor Jacó Guinsburg na ECA, a qual frequentamos na condição de professora voluntária, no ano de 1985 e entre 1987-1989.

A princípio, quando retomamos o contato com a questão, então já com vistas à presente pesquisa, tínhamos a intenção de enfocar sua repercussão no fenômeno teatral como um todo, pois as características da personagem determinam, até certo ponto, a estética da encenação. Uma personagem pouco psicologizada, por exemplo, dificilmente se ajusta a uma interpretação interiorizada, já outra mais abstrata e simbólica não costuma se mover em cenário realista.

Acontece que no início da pesquisa bibliográfica, já nos pareceu insatisfatório realizar um estudo que apenas inventariasse as descrições do processo de fragmentação efetuadas pela crítica, porque queríamos verificar como ele se dava dentro das peças. Tal pretensão de um lado reduziu o espectro a ser examinado e, do outro, ampliou consideravelmente o volume de obras a ser estudado. Isso porque, para compreendermos o que é uma personagem fragmentada, é necessário cotejá-la com a personagem íntegra, o que implica consultar textos de vários períodos históricos.

Como não existia um roteiro pronto a ser seguido, estabelecemos que íamos nos ater às peças consideradas ou obras-primas ou mais significativas dos vários estilos e, dentro destas, às personagens centrais. É claro que, mesmo trabalhando na época como professora de História do Teatro Ocidental na Unicamp, foi impossível dar conta de todas as obras.

Levantada a bibliografia e delimitado o objeto, passamos à segunda etapa estipulada: chegar a uma classificação de personagem. Houve várias tentativas de adotar modelos mais comumente utilizados e aceitos, por exemplo: herói, herói dividido, personagem dramática e anti-herói, ou ainda, personagem trágica, personagem cômica e personagem tragicômica.

A classificação herói/anti-herói é bastante específica no caso do herói, mas deixa a desejar nos outros itens por ser excessivamente genérica e ambas são pouco eficientes no sentido de destacar se a personagem é ou não fragmentada. Daí termos optado por uma modelização, arbitrária como qualquer modelização, que vai direto ao ponto, *personagens íntegras* e *fragmentadas*.

Nem por isso deixamos de lançar mão das outras classificações mais costumeiras ao longo do livro. Apenas tomamos a liberdade de ampliar os subitens. Assim, no primeiro capítulo, quando tratamos das relações entre personagem e cultura, falamos em herói, herói dividido, personagem alegórica, personagem impotente, super-herói, pequeno herói cotidiano e anti-herói, porque nos pareceu necessário para destacar as diferenças de estilo e de concepção da personagem. No mesmo capítulo, ao analisarmos a questão da fusão dos gêneros teatrais, fazemos menção ao herói, ao herói cômico, ao tipo e à personagem tragicômica. Repetimos o mesmo procedimento sempre que nos pareceu pertinente.

Ao longo da pesquisa ficou patente que, embora o modo como uma personagem é construída seja de extrema importância para a compreensão da fragmentação, a natureza do contexto onde ela se move não pode ser ignorada, uma vez que este aspecto altera substancialmente o sentido que o modo de construção expressa. Por essa razão foram incluídos os subitens *contexto integrado* e *contexto desintegrado*.

Há várias razões para que o primeiro capítulo trate a questão de modo abrangente. Teorias do teatro e influências intelectuais (notadamente a dos professores Anatol Rosenfeld, Jacó Guinsburg e Elza de Vincenzo) contribuíram para que tivéssemos uma visão do teatro como manifestação cultural em correspondência com outras manifestações que muitas vezes esclarecem o processo de evolução do próprio teatro. No caso da personagem, o sentido de sua transformação fica muito reduzido se analisada apenas em âmbito restrito. De maneira que tratamos o assunto relacionando-o ao conceito de indivíduo, sociedade e ideias. Essa opção nos obrigou a consultar também especialistas de outras áreas (cujos conselhos bibliográficos foram extremamente úteis) e determinou a adoção de metodologia culturalista em boa parte do trabalho. Tal procedimento também possibilitou compreender por que em determinadas épocas predominam personagens íntegras e, em outras, fragmentadas.

Pronto o enfoque no plano panorâmico, passamos às conclusões de nossa pesquisa nas peças teatrais propriamente ditas, nas quais a metodologia estrutural foi empregada.

Os textos estudados foram analisados no sentido de determinar o tratamento psicológico dado à personagem (se tem motivação ou motivações e quais são estas, se tem ou não traço dominante), o relacionamento dela com seus pares (se agente ou paciente da ação, se cumpre ou não sua vontade ou vontades), se estava em contexto integrado (passível de harmonização) ou desintegrado (apresentado como definitivamente conflitante), para podermos então classificá-la.

Isso feito, uma nova reflexão foi necessária para, através do conjunto de textos que continham personagens fragmentadas, tentarmos especificar os diversos modos de fragmentação encontrados. Depois agrupamos os exemplos para mostrar as possibilidades de aplicação do esquema adotado, incluindo não apenas as peças que se encaixavam sem dificuldades dentro das rubricas utilizadas, mas também aquelas cuja classificação era problemática, e, finalmente, deixamos de lado outras, quando nos pareceu que a amostragem seria redundante.

Durante esse processo ficou claro que o trabalho estaria incompleto se omitisse a questão da função da personagem dentro do enredo, pois, na medida em que a pesquisa se desenvolvia, evidenciou-se que essa função se transformava inteiramente quando a personagem central era ou não fragmentada. Esse aspecto foi incluído na conclusão, que busca examinar por que o teatro contemporâneo é um teatro sem protagonista e como essa questão se relaciona com a personagem.

Além disso, a conclusão pretende retomar a discussão da relação entre teatro e cultura e constatar se o enfoque estrutural e culturalista se complementaram ou se contradisseram.

Cabe ressaltar ainda que este livro não tem a pretensão de esgotar o tema da personagem fragmentada, nem de estabelecer qualquer tipo de receituário para a carpintaria dramatúrgica. Apenas procura entender e explicar o processo de fragmentação através da dramaturgia e da evolução da cultura. Se conseguimos atingir essa meta, certamente estaremos contribuindo para o conhecimento de uma das faces do teatro moderno, tal como se apresenta em áreas como a dramaturgia, a crítica e a história do teatro.

A Personagem e sua Fragmentação

A CRÍTICA E A PERSONAGEM FRAGMENTADA

Há uma bibliografia extremamente escassa tratando da personagem e de sua fragmentação. Os primeiros contatos que tivemos com o assunto e que despertaram nosso interesse foram as aulas do professor Anatol Rosenfeld, durante o curso de graduação na Escola de Comunicações e Artes, no início da década de 1970, bem como os ensaios "Reflexões Sobre o Romance Moderno", "Shakespeare e o Pensamento Renascentista", "Aspectos do Romantismo Alemão", publicados em *Texto/Contexto 1* e os de *O Mito e o Herói no Moderno Teatro Brasileiro*. Outro texto que nos impressionou e aguçou nossa curiosidade foi "A Personagem do Romance", de Antonio Candido, constante em *A Personagem de Ficção*[1].

A leitura desses trabalhos fez com que vislumbrássemos a importância e complexidade da questão. Assim, durante a pesquisa bibliográfica que precedeu nosso estudo, embora encontrássemos razoável número de obras sobre personagem,

---

1 Essas publicações foram o ponto de partida desta pesquisa.

notadamente sobre figuras femininas, notamos que poucas tratavam diretamente do tema.

Nos Estados Unidos tomamos contato com dois livros: *Metafictional Characters* (Personagens Metaficcionais), de June Schlueter e *Contradictory Characters* (Personagens Contraditórias), de Albert Remei. Ambos, como então parecia ser tendência dos estudos daquele país, abordam a questão em algumas peças selecionadas que são analisadas exaustivamente, mas não se detêm em considerações de ordem geral, ou panorâmica. Contentam-se em comprovar que em tais textos observa-se a presença de criaturas metaficcionais no primeiro caso, e contraditórias, no segundo.

O único trabalho que encontramos tratando o tema com abrangência foi *La Crise du personnage* (A Crise da Personagem), de Robert Abirached, uma indicação do professor Sábato Magaldi, que também figurava com destaque na rubrica *personagem* da biblioteca da Universidade de Madison, Wisconsin.

Abirached faz um apanhado geral da crise da personagem, com a exemplificação de um número considerável de peças, procurando perseguir, a partir da era moderna, as variações de possibilidades miméticas que a personagem adquire conforme é concebida.

É um livro obrigatório para quem quer estudar o assunto, e foi de grande utilidade para este livro, ainda que o enfoque seja totalmente diverso.

De enorme auxílio foram duas obras cuja preocupação central não é a personagem: a já mencionada *L'Avenir du Drame*, de Jean-Pierre Sarrazac, e *Theory of Modern Drama* (Teoria do Drama Moderno), de Peter Szondi, ambas sobre a desdramatização do drama.

Pelo que se depreende do consenso da crítica já mencionada, por personagem íntegra se entende aquela cuja construção psicológica conserva um traço dominante e que, movida por vontade determinada, age cumprindo seus objetivos. Fica portanto claro que o termo "íntegra" é empregado sem quaisquer conotações de ordem moral, significando simplesmente um ser ficcional de contornos precisos e definidos.

Em contraposição, a personagem fragmentada pode caracterizar-se ou por construção psicológica feita através de justaposições de traços com matizes semelhantes, ou pela incoerência, ou, ainda, por não tomar a ação nas mãos, quer por abulia, quer por tratar-se de uma vítima. Não é necessário que todas essas qualificações estejam presentes numa mesma personagem para que ela seja considerada fragmentada, embora haja casos em que é possível detectar a soma completa. Qualquer um desses fatores necessariamente coloca em xeque a integridade de um herói, mesmo isoladamente.

A CULTURA E A FRAGMENTAÇÃO DA PERSONAGEM

A fragmentação da personagem é um fenômeno concomitante, em termos históricos, à perda de contornos da figura na pintura e à desvalorização da melodia na música. Se é possível perceber tal ocorrência no seio das várias artes, tudo indica que se trata de um processo que se verifica no interior da cultura como um todo.

A crítica faz, de passagem, a associação da fragmentação da personagem ao conceito de indivíduo movido por um inconsciente que ele não controla, à noção de que o homem é histórica, social e economicamente condicionado, à ideia de que a relação entre consciência e objeto se dá de modo fragmentário e incompleto. Baseando-nos nessas colocações, propusemo-nos a cotejar as concepções de indivíduo, sociedade e cosmovisão de alguns períodos históricos com as personagens então criadas. A escolha dos momentos enfocados obedeceu a critérios teatrais, ou seja, às fases consideradas mais significativas para as artes cênicas.

Os heróis das tragédias gregas, na sua maioria, são de alta estirpe e tomam a rédea da ação nas mãos. Têm traçado psicológico sumário (focalizando a paixão ou vontade que determina sua ação), ainda que sejam mais complexos do que as criaturas míticas de onde foram extraídos. Têm de humano a condição de mortais e de sobre-humano o destemor da morte. Conflitam-se por vezes com antagonistas do mesmo quilate, outras vezes com os deuses.

É possível observar a passagem de uma cosmovisão teocêntrica (Ésquilo) para a cosmovisão antropocêntrica (Sófocles), que também se encontra na sofística (Protágoras: "O homem é a medida de todas as coisas") e predominou no pensamento e no teatro ulterior. Mas convém observar que o antropocentrismo do autor de *Édipo Rei*, inclusive quando presente nos demais tragediógrafos, não chega a caracterizar-se como individualismo. Mesmo quando o destino dos heróis aparece imbricado ao da pólis no início das peças, verifica-se ao final que a cidade sai sempre ilesa. De onde se depreende que os homens passam, mas a sociedade permanece intocável, harmônica e soberana. Esse é o valor supremo.

Quanto à construção do herói como indivíduo, cabe notar que há nesse tipo de personagem coesão entre sentimento, pensamento e ação, o que condiz com uma concepção de psique composta principalmente por aspectos racionais, sendo a paixão, aí, o aspecto irracional (não obstante estar presente em heroínas como Fedra e Medeia de Eurípedes), o que, *grosso modo*, é a concepção que se encontra na filosofia grega.

Pouco psicologizada, a personagem trágica trava principalmente conflitos externos e objetivos. Porém, não consegue controlar todas as variáveis que cercam suas ações, e, de modo geral, ao cumprir sua vontade, determina seu próprio infortúnio. É a falha trágica de que trata Aristóteles na *Poética*, a qual não se origina da distorção do caráter da personagem, mas da *hybris*, ou seja, da condição humana – mais precária do que a divina – incapaz de perceber seus limites, a não ser ultrapassando-os. Daí a exemplaridade e a tragicidade do herói.

Há, na visão que preside esses textos gregos, uma concepção de homem racional, mas parcialmente cego, capaz de exercer seu livre arbítrio, porém incapaz de captar totalmente as consequências do exercício dessa liberdade. É uma semicegueira constitutiva da natureza humana, diferente da natureza divina que, segundo a postura aristotélica, é potência que, para se tornar ato, habita a matéria e nela se manifesta de modo inerente, mas incompleto, e que tem, portanto, origens de ordem cosmológica e não psicológica.

Platão, diferentemente do Estagirita e dos tragediógrafos, considera que o divino é ideia pura e só se encontra no mundo suprassensível, do qual temos apenas reminiscências. Essas reminiscências se encontram armazenadas no interior da psique e, quanto mais próximos estivermos da ideia, da intuição, tanto mais perto do divino. Tal pensamento precede o estoicismo, ou seja, a crença de que através do controle das paixões é possível transcender a semicegueira humana. Essa corrente tem especial importância para entendermos o teatro de Sêneca – único escritor romano cujas tragédias chegaram até nós –, um estoico.

Suas convicções expressas em termos dramatúrgicos trazem como consequência um deslocamento do conflito de fora para dentro da personagem, da relação homem-mundo para o interior do indivíduo ficcional, redundando em psicologização da figura, redução da importância do enredo e forte abalo na estrutura da tragédia.

Seus heróis são heróis divididos que se debatem o tempo todo entre paixão e razão através de monólogos que muitas vezes parecem intermináveis; há a inclusão de fantasmas (*Édipo Rei*), demonstrando uma adesão a uma verossimilhança diferente da grega; há a adoção de atos de violência e crueldade previstos para serem executados em cena e não nos bastidores; suas peças assumem um didatismo explícito mesmo em detrimento da harmonia formal.

Não é à toa que Sêneca foi considerado irrepresentável até o século XX (quando foi revalorizado por Antonin Artaud), apesar de sua enorme influência sobre Shakespeare e do número significativo de heróis divididos que sucederam os dele.

O antropocentrismo se acentua sensivelmente na obra do tutor de Nero, na medida em que o conflito principal é psicológico, mas é apresentado como universal e modelar, pois sempre caracteriza a luta entre paixão e razão e, portanto, não é individualista.

Na Idade Média, o teatro volta a ser teocêntrico, mesmo quando apresenta temas alheios à história sagrada, uma vez que se concebe o homem como feito à imagem e semelhança de Deus. Além disso, o cristianismo assimila todo o tipo de desordem na terra como resultado do pecado original e da desobediência aos mandamentos. É uma religião que admite o pecado, tornando-o solucionável pelo arrependimento e pelo perdão de Deus, de maneira que é uma cosmovisão antitrágica: mesmo os problemas insolúveis na terra serão resolvidos *a posteriori* pela justiça divina.

Essa crença apresenta-se de modo explícito no teatro religioso, que passa a ter enorme extensão, na medida em que retrata os acontecimentos terrenos e também os sagrados e, de modo implícito, nas moralidades e vida de santos.

Em termos de personagem há pouca psicologização e um grande número delas é, direta ou indiretamente, de alegorias (a Caridade, a Esperança etc.) porque, sendo concebidas de forma extremamente maniqueísta, tendem a personificar o bem e o mal.

No Renascimento o teatro religioso continua a ser praticado, principalmente na Península Ibérica, através dos autos sacramentais. Essa área continuou a ser governada por reis católicos e, mesmo durante o feudalismo, possuía vastas regiões desocupadas, de modo que não houve conflitos de terra. Além disso, estabeleceu colônias de ultra-mar, as quais lhe forneciam matéria-prima para comércio, de maneira que não desenvolveu muita atividade industrial (no caso de Portugal, pelo Tratado de Meetwen, o país se comprometeu a adquirir produtos industrializados ingleses, para em troca fornecer produtos agrícolas). Situação diferente da dos demais países europeus, que iniciaram o processo de industrialização, tiveram monarcas preocupados em estabelecer a independência de suas nações, sem prejuízo das tentativas de conquistar colônias nos outros continentes. Não só por razões morais e religiosas, houve uma cisão na Igreja Católica, como também por motivos políticos, porque o Papa era sempre italiano. Tal cisão (Inglaterra, Império Austro-Húngaro e França) redundou na divisão de poder entre Igreja e Estado. Além desses fatores, o contato com a Antiguidade Clássica (cujas obras foram conservadas no interior dos conventos), dá origem a um novo humanismo. Esse panorama contribui para que o teatro volte a ser antropocêntrico.

No terreno das ideias, coexistiam inúmeras maneiras de ver o mundo. Copérnico, Giordano Bruno e Galileu afirmaram que a terra não é o centro do Universo, apenas um dos planetas que gira em torno do céu, Montaigne (nos *Ensaios* da segunda fase) defende o epicurismo, enquanto Descartes defendia o pensamento racional, entre outros: muitas maneiras de prestar culto ao mesmo Deus. Um novo conceito de política e também de homem – movido por interesse e egocentrado – aparece na pena de Maquiavel e, obviamente, não se coaduna com a ideia de homem feito à imagem e semelhança de Deus. Para tentar organizar essa pluralidade riquíssima, uma das grandes discussões da época é a da essência e aparência que está presente principalmente no teatro barroco.

Surgem as primeiras personagens maquiavélicas, notadamente do próprio Maquiavel e de Shakespeare. Vico escreve as primeiras teorias que focalizam a história como processo (Idade Divina, Idade Heroica, Idade Humana) cuja análise se faz através da observação da linguagem e Shakespeare escreve seus dramas históricos.

O teatro, com temas da atualidade recente, não era uma tradição e mesmo *Os Persas* (Ésquilo) não procurava exatamente fazer o registro da guerra entre gregos e persas, porém visava a estimular o ufanismo grego. A peça se passa na Pérsia que perde as Guerras Médicas e apresenta os deuses alertando que estavam apoiando os gregos e que a derrota serviria de lição definitiva aos persas.

Apesar da variedade do drama renascentista, é possível extrair algumas características comuns à maioria das personagens da época. De um modo geral, há extremo cuidado na pintura de caracteres que se apresentam muito mais individualizados do que os da Antiguidade. Há figuras interiorizadas como a Fedra (Jean Racine) ou o rei Lear (William Shakespeare), e exteriorizadas como as de Lope de Vega. Elas ocupam sempre o centro do drama, contado sob seu ponto de vista. Pode ser um herói com uma única paixão, ao modo grego, ou um herói dividido, ao modo de Sêneca.

Para entendermos as características específicas da dramaturgia romântica é necessário nos atermos ao pensamento da Ilustração, devido à sua enorme influência no século XIX.

Embora afirmassem que a razão pode e deve ordenar o mundo e criar uma harmonia social e individual, os empiristas ingleses, notadamente Locke e Hume, consideram que as paixões é que movem o homem e o levam a construir a grandeza das nações. Esse tipo de posicionamento, também abraçado por Adam Smith, apesar de ter sido reprimido fortemente (através da queima de livros colocados no índex) no século XVIII, transforma a autoimagem do homem presente em todo o pensamento posterior, conforme nos coloca Ana M. Bianchi, em *A Pré-História da Economia*. Tais ideias não são inteiramente novas, já se achavam em grande parte nos epicuristas desde a Grécia antiga. É a formulação e a oficialização delas que é inovadora, porque se constituem como fundamento intelectual para o novo conceito de Estado, antes baseado num monarca absoluto, agora num parlamento, no capital e na concorrência. Os empiristas negavam a validade do conhecimento científico baseado no método racional e propunham, em contrapartida, a aceitação apenas dos fenômenos passíveis de comprovação empírica.

Kant, em contraposição aos ingleses, afirma que os fenômenos que são passíveis de comprovação empírica o são porque cabem nas categorias inatas que nossa mente possui, tais como quantidade, qualidade, similitude, tempo, espaço etc. E diz ainda que, mesmo sem ter a possibilidade de uma comprovação científica, é possível chegar a imperativos categóricos no que tange à moral através do raciocínio lógico e aos juízos de valor, que são ainda menos passíveis de generalização, mas têm seus fundamentos defensáveis, embora relativos como, por exemplo, a classificação de uma determinada obra artística como obra-prima.

Kant restabelece, portanto, a validade do conhecimento racional, reconhecendo suas limitações, e alicerça todo o conhecimento na constituição inata do homem. Além disso, aceita o conceito de gênio, não só para o artista, mas para as diversas áreas de atividade.

O pensamento de Jean-Jacques Rousseau, "o homem nasce bom, mas a sociedade o corrompe", opõe sociedade e natureza, valorizando esta última. Tal colocação considera, pela primeira vez, que o homem está alienado de sua própria condição natural, devido a uma sociedade injusta e corruptora. Esse pensador declara que "para o lucro de alguns poucos ambiciosos, sujeitaram daí para frente todo o gênero humano ao trabalho, à servidão e à miséria"[2].

Essas três linhas de ideias, apesar das diferenças fundamentais, têm alguns pontos comuns que devem ser ressaltados: as de Kant e dos empiristas são antropocêntricas e individualistas (Kant principalmente pela defesa do conceito de gênio e os

---

2   J.-J. Rousseau, *Discurso Sobre a Origem e os Fundamentos da Desigualdade entre os Homens*, p. 197.

empiristas por acreditarem que os indivíduos farão a sua própria grandeza e, com ela, a das nações). As de Rousseau opõem indivíduo e sociedade e valorizam o indivíduo não corrompido. Embora não sejam antropocêntricas, nem individualistas, elas criam a mitificação do homem primitivo.

Esse individualismo tem como motores as paixões (empiristas) e a intuição (gênio kantiano e homem natural). Essas ideias encontram paralelismos nos três tipos de personagens básicas introduzidas pelo romantismo: o super-herói, o marginal, a personagem impotente.

O super-herói foi assim denominado por nós, porque, ao contrário das figuras concebidas até então, ele não padece de qualquer tipo de cegueira, não tem conflitos internos, enxerga as circunstâncias que o cercam com objetividade, soluciona todos os problemas externos. É o caso de Hernani, personagem de Victor Hugo – que atua como marginal, mas é nobre, estabelece a ordem, perdoa seu antagonista e só encabeça um drama porque se suicida por amor e para honrar a palavra dada –, e é o caso também de Ifigênia (*Ifigênia em Táuride*, de Goethe).

A Ifigênia de Goethe é considerada protagonista de uma peça clássica e não pré-romântica do autor. Apesar de basear-se no mito grego e de observar as unidades, trata-se de uma super-heroína romântica típica. Ela implanta a paz em Táuride, abole o costume de oferecer vítimas humanas ao sacrifício da deusa Ártemis, tem o maior prestígio na cidade, consegue persuadir o rei Toante, que é apaixonado por ela, a deixá-la ir embora com Orestes e Pílades para a Átrida, faz a reconciliação entre Táuride e a Grécia, que eram inimigos tradicionais e, em troca, concorda em não levar a estátua da deusa de Táuride para seu país.

O marginal, concebido segundo a ideia do homem descompromissado do sistema, bom, mas não corrompido, sejam índios na literatura brasileira, ou bandoleiros na europeia, são sempre traçados de forma idealizada, como um paradigma a ser seguido.

A personagem impotente, defenda ela valores cristãos ou não, toma a ação nas mãos, mas não consegue cumprir sua vontade e transformar a situação em que está colocada. Ela se afirma como indivíduo e através desta afirmação, busca mostrar que a sociedade precisa de reformas.

O teatro romântico, exceto super-heróis como a Joana D'Arc de Schiller[3], é eminentemente crítico da sociedade vigente e assumidamente político. Tal postura tem raízes na decepção com a defasagem entre ideário e prática das revoluções burguesas, assim como na situação de marginalidade do artista, sem mecenas no Estado burguês.

É na Alemanha do século XIX que aparece a primeira obra tratando da fragmentação, embora não apresente personagens fragmentadas: o *Fausto*, de Goethe. Apesar de o *Fausto* ser mais um texto literário em forma de versos do que uma peça encenável, não poderíamos deixar de destacar sua primazia. O protagonista passa por vários estágios (racional, instintivo, social) em sua busca de plenitude (que ele acaba encontrando de modo extremamente fugaz), mas como esses vários estados são sucessivos e não concomitantes, a personagem permanece íntegra.

A primeira personagem construída de modo modernamente fragmentado, habitando o centro de um drama, é Woyzeck, que será analisada mais detalhadamente no capítulo "Personagem Fragmentada", onde trataremos também de *Lorenzzaccio*, de Musset, que é anterior a *Woyzeck*, de Karl Georg Büchner, mas cuja classificação varia muito conforme a leitura que se adote.

A peça de Büchner é precursora do naturalismo e do expressionismo, um texto como os do século XX, escrito em 1837.

Tanto Woyzeck como Lorenzzaccio se fragmentam por razões sociais, na linha de pensamento que tem origens em Rousseau: Woyzeck é alienado social e economicamente por não ter condições de sobrevivência digna e, em consequência dessa marginalização, se aliena psicologicamente. Lorenzzaccio é corrompido pelo meio, mas tem um lado puro, características que o tornam bifacetado.

---

3 Seu caso é ilustrativo. A primeira vez que Joana D'Arc surge na dramaturgia parece ter sido em *Henrique VI*, de Shakespeare, onde ela é retratada, de acordo com uma imagem corrente entre os ingleses à época, como uma bruxa. Depois disso, ela se tornou protagonista de um número incrível de autores, além de Schiller: Voltaire, George Bernard Shaw, Jean Cocteau, Bertolt Brecht, Jean Anouilh, entre outros. A Igreja Católica só a canonizou em 1920. O romantismo, no entanto, a reabilitou bem antes, e, em *A Donzela de Orleans*, Schiller faz dela não apenas a comandante do exército vitorioso, mas uma comandada por Deus. Farsante ou iluminada, ela liderou as tropas francesas que acabaram por vencer as inglesas na Guerra dos Cem Anos.

A personagem naturalista é construída milimetricamente, como se seu comportamento obedecesse a relações de causa e efeito em cadeia. Condicionada social, econômica e biologicamente, resta-lhe pouco arbítrio. Mesmo assim, é capaz de pequenos heroismos cotidianos.

Todos os valores foram relativizados, exceto a fé na ciência. Ela se insere num panorama onde há grande desenvolvimento das ciências positivas. Idealizada por Saint-Simon, que considerava o homem condicionado biologicamente, a filosofia positiva deveria ser uma ciência geral que fosse a síntese das outras ciências. Seu sucessor, Auguste Comte, o pai da sociologia, estabeleceu as bases do positivismo: observação empírica e inventário exaustivo dos fenômenos, desprezo pelas teorias especulativas não comprováveis e, portanto, pelos temas transcendentais. Essas colocações dão margem ao surgimento de ciências autônomas como a sociologia.

A sociologia de Comte considera que o homem é fruto do meio (família, classe social etc.). A psicologia positiva aceita essa premissa e observa as relações entre indivíduo e meio. O cientista deve proceder de modo totalmente imparcial, pesquisando sem interferir. Assim como o cientista, o artista procura focalizar "a fatia da realidade" que elegeu para retratar, buscando ser o mais objetivo e desaparecer atrás da criação.

Esse tipo de procedimento é insatisfatório para o criador, numa época em que se cristalizaram grandes ideologias (socialismo, anarquismo etc.), de maneira que, para fechar a leitura da obra, surge um novo tipo de personagem, o *raisoneur*, que dá a interpretação do autor. Outro aspecto característico do naturalismo é a introdução do *flashback*. Esse recurso, embora diga mais respeito à trama do que à personagem, é empregado como parte da criação desta, quando o que ela é no presente tem origem no que ela foi no passado e o autor quer mostrar isso de forma dramática.

A psicologia da personagem naturalista é extremamente complexa, posto que, dada a imagem de homem condicionado por tantos fatores, para exibi-la de modo completo, se faz necessário focalizá-los todos. De maneira que são criaturas com dossiê detalhado: traços hereditários, biológicos, meio ambiente, situação econômica atual e antecedente, situação geográfica, idade, período histórico, relações intrapessoais etc.

O naturalismo escolhe como protagonistas, não exclusivamente, mas frequentemente, o que era incomum até então, figuras de classe baixa. Isso se deve em parte à grande preocupação com o social no período, ao desejo de adentrar seriamente nesse universo tão pouco explorado e também ao fato de que a representação exemplar do humano não condiz de modo algum com as criações magníficas e poderosas dos heróis de antigamente. Embora as concepções antropocêntricas de mundo já viessem sendo questionadas desde o Renascimento, a partir de Isaac Newton, elas ganham novo impulso e passam a se constituir no pensamento científico oficial. Isso significa, em termos simbólicos, a passagem de um conceito de homem meio-humano e meio-divino, feito à imagem e semelhança de Deus, filho dileto, para a de uma criatura entre muitas ou, se quisermos, um filho enjeitado. O golpe mais definitivo dado ao antropocentrismo foi a teoria de Darwin sobre a evolução das espécies e percebe-se sua influência sobre as obras teatrais, notadamente as de Strindberg. As personagens dele (primeira fase) medem forças, estabelecem guerra de sexos, ou entre criaturas do mesmo sexo, como expressa o título de uma de suas peças, *A Mais Forte*.

Além disso, as ideias de G. W. F. Hegel e seu processo dialético mostram a história, a sociedade, em constante transformação e distinguem dois momentos nessa evolução: o *em si*, que apenas é; e o *para si*, que é a consciência de si. Essa visão exerce enorme influência sobre Søren Kierkegaard, que muitos consideram o pai do existencialismo moderno. Esse filósofo dinamarquês discorda de seu mestre, porque este desconsidera o indivíduo. Kierkegaard afirma que cada homem está em constante transformação e opta por um valor (o ético, o estético e o religioso) como leme de cada uma de suas fases de evolução, não importando qual, desde que o vivencie de um modo autêntico. Quando o valor se esgota, há uma nova opção. Esse pensamento exerce influência sobre a concepção de personagem de Henrik Ibsen, cujas personagens sempre estão em mutação dentro do enredo, ou, como em *Solness, o Construtor*, passam a vida a limpo, através das etapas mencionadas.

O mais célebre discípulo de Hegel, Karl Marx, influenciou boa parte do teatro político do século XIX (Hauptman,

Maksim Górki) e também o do século XX, que tem como expoente Bertolt Brecht, cuja obra foi escrita após a Primeira Grande Guerra.

Para Marx, a economia é a mola da história. A noção de homem (interesseiro e egocentrado) que se tem desde Maquiavel e se acentua na Ilustração é oriunda da luta de classes e da sociedade competitiva, do trabalho alienado, da mais-valia, do capital e da propriedade privada. Situação que só se transformará com a ascensão do proletariado ao poder e com a implantação do socialismo, cuja evolução é o comunismo.

Alguns dramaturgos naturalistas fragmentam suas personagens, como Tchékhov e Strindberg. O primeiro por conferir-lhes uma subjetividade tão pregnante que seu verdadeiro eu não sofre influências externas, o segundo, por uma psicologização minuciosa.

Ainda nos finais do século XIX, com a crise das ciências positivas, cujo método de observação empírica – o inventário exaustivo dos fenômenos detectados – acabou conduzindo a uma variação de metodologias específicas segundo a natureza do objeto estudado em cada uma delas, levando a uma relativização do próprio conhecimento científico e à consciência de suas limitações, surgem pensamentos menos cientificistas, dentre os quais o mais importante é o de Henri Bergson.

Bergson considera que os fenômenos se dão no tempo e estão em constante mutação, que a realidade é fluida e que, sempre que se procura apreendê-la e analisá-la, esta operação implica em paralisar, espacializar, fixar, o que fragmenta a experiência real. Esse tipo de atividade racional, operação intelectual, é específico do eu superficial. Há também um eu profundo, que é liberdade e criação, puro fluxo, e que está submerso, inconsciente. Esse eu profundo é onde habita a intuição, base para uma nova metafísica. A linguagem dessa metafísica tem de ser necessariamente a metáfora, que congrega ao invés de separar fenômenos, através da correspondência entre eles, de modo que a convergência da imagem provoque a intuição da integração do cosmos.

Tais ideias que revalorizam a subjetividade como fonte de conhecimento, além de colocarem em novos termos a experiência e o mundo intuitivo, exercem influência sobre o simbolismo.

Assim, sob a inspiração do autor de *O Riso*, a personagem simbolista não tem passado, nem contexto histórico-social, somente contexto poético. Ela é apenas um fragmento em correspondência com outros fragmentos, objetos e imagens, é extremamente vaga.

No século XX, as vanguardas artísticas se caracterizam pela militância política (anarquista, socialista e fascista) e são influenciadas pelas teorias de Sigmund Freud e Carl Gustav Jung (surrealismo e expressionismo).

Para Freud, o eu é compartimentado em id, ego e superego. O id é composto pelos instintos (de vida e morte) que se manifestam através dos sonhos e das pulsões, são inatos, pura energia. Esses impulsos são disciplinados pela educação e convivência social cujas normas vão sendo introjetadas, gravadas na mente do indivíduo. O conjunto destas normas interiorizadas é denominado superego. O ego é parte consciente do eu. Se tivéssemos apenas id, não seríamos capazes de viver em sociedade. As repressões que o superego lhe impõe podem ser benéficas, quando as pulsões são sublimadas, ou seja, encontram uma forma de manifestação socialmente aceita, e podem ser nefastas, quando isso não ocorre e essa força fica reprimida, podendo se manifestar através das neuroses e psicoses.

Para Jung, o homem é movido pelas forças inconscientes de um modo mais radical: essas forças dominam e se manifestam o tempo todo, somos pura energia e só conhecemos racionalmente o que elas permitem. Toda a atividade humana é simbólica. Estudando os mitos e demais criações é possível ter acesso ao inconsciente coletivo que é a-histórico e apresenta diferenças culturais apenas na forma como se manifesta, porque a estrutura, o sentido oculto, é a mesma. Através do estudo dos sonhos e dos símbolos é possível atingir uma compreensão desses processos e sentir maior integração interna e com o cosmos.

Isto posto, gostaríamos de salientar que, no pensamento filosófico em geral, há embutida, desde Rousseau, com maior ou menor acento, a crença num novo homem e numa sociedade mais harmônica, ainda que esse novo homem seja um homem natural, ou seja, o mesmo de sempre, porém menos alienado de si. Há duas colocações básicas: a primeira considera que reformando-se a sociedade surgirá necessariamente um novo homem; a segunda postula uma transformação dos indivíduos e, através dela, a mudança na sociedade. Esse tipo de ideário está presente em todas as vanguardas do início do século. No caso do dadá, há a busca da criação desarticulada e a crítica demolidora ao poder, à razão e ao mundo adulto. No futurismo, há a exaltação da máquina e da sociedade industrial com o novo homem que farão surgir e um desprezo absoluto por quaisquer valores humanistas. No surrealismo e no expressionismo, nota-se o projeto de libertar o inconsciente de suas amarras. E no expressionismo mais político, pós-Primeira Guerra Mundial, encontra-se a fusão das duas coisas: deixar fluir os desejos inconscientes e transformar inteiramente a sociedade.

São cosmovisões que, de um lado, veem o indivíduo como alienado e, de outro, o veem em processo e que, portanto, não se coadunam com a personagem íntegra, que apresenta um caráter com valores fixos.

Os pensadores não são diretamente responsáveis pelo uso que é feito de suas ideias, mas a utopia do novo homem, seja ariano ou não, na prática, serviu de bucha de canhão para as duas grandes guerras e a ressaca de tudo isso, somada à descoberta da bomba atômica, é o pano de fundo do teatro da segunda metade do século, o teatro do absurdo, conforme classificação do crítico Martin Esslin.

A relativização de todos os valores, aliada às guerras que obrigavam as pessoas a viver o dia de hoje, o momento, propiciam uma imensa propagação do existencialismo, corrente que opõe a existência à essência e que, ao invés de considerar os fenômenos como máscaras que escondem a verdade imutável, consideram que é a existência que vai determinando o ser.

A noção de alienação, o materialismo, a ideia de que os fenômenos são fluidos assim como a consciência, conduzem à visão de indivíduo e de sociedade como absurdos. O indivíduo passa a ser visto como um estrangeiro, não sabe de onde veio nem por que está aqui, é um condenado inocente (como todas as personagens de Samuel Beckett), ou como um fantoche que inventa uma série de mediocridades para se distrair, porque toda a atividade é igualmente inútil e inócua (como a maioria das figuras de Eugène Ionesco). Uma linha de pensamento que reinstaura o mito de Sísifo como observou Albert Camus[4].

Paralelamente a esse teatro, há uma renovação do teatro político com Brecht. Outras linhas que continuam a acreditar no novo homem e buscam, através do teatro, efetuar a terapêutica da civilização (como Artaud, Jerzy Grotowski e outros menos significativos) são as dos *happenings* e performances, que se propõem como fluxo – a exemplo da cosmovisão de que fazem mimese –, e a do minimalismo, que procura ampliar um minuto de existência, com o intuito de examinar a multiplicidade de estímulos que estão ali presentes e que passariam desapercebidos, ou seja, que transforma um fotograma no tema de todo um filme.

Pode-se dizer que o teatro ocidental, após um longo ciclo sob a égide do ser uno de Parmênides, passou para um novo ciclo sob a égide do vir a ser de Heráclito.

É preciso ressaltar que esse processo descrito se refere principalmente ao drama, porque a comédia, de certo modo, sempre foi mais relativista. O herói cômico, segundo Robert Torrance[5], ao contrário do trágico, opta pela vida e tem por isso mesmo que fazer essa escolha inúmeras vezes. É, de acordo com ele, o que se observa em várias criações de Aristófanes, nas quais a hierarquia social (*Lisístrata*) é menosprezada e mesmo os deuses são menos espertos que os humanos (*As Rãs*).

Essa personagem da comédia antiga, que celebra a vida, aceita-se como indivíduo com seus temores e erros, e comemora sua própria relatividade e a do mundo, é cômica sem ser farsesca nem caricata, mas não é exatamente um herói na acepção precisa do termo: coloca-se como cidadão comum e não como superior à média dos homens. As tarefas que executa, ou são impossíveis e fracassam, ou dão certo apesar de inconcebíveis (em *A Paz*, por exemplo, Trigueu utiliza a gula de Hermes para libertar a Paz, prisioneira no Olimpo). Quando não dão certo, de fato, festejam a relatividade como afirma Torrance,

---

4 O mito de Sísifo é considerado por Camus no livro *Le Mythe de Sisyphe* um paradigma de nossa época. Sísifo é condenado a carregar pedras para o alto de uma montanha, de onde elas rolam e em seguida têm de ser levadas novamente ao topo. Um trabalho inútil que, na atualidade, simboliza a inutilidade da ação num mundo absurdo.

5 A descrição do herói cômico está inteiramente baseada no livro de R. Torrance, *The Comic Hero*.

mas quando dão, celebram o sonho que temos todos de sermos super-heróis, ou seja, de transcendermos nossa condição humana. E qualquer criança apreende esse tipo de ação como expressão de um desejo divertido mas absurdo, o que imediatamente a configura como fantástica e não como heroica.

Após a proibição da parábase, devido ao fim da hegemonia de Atenas, é a comédia de costumes que passa a predominar e, com ela, os tipos cegos por seus vícios, como o avaro, o libidinoso etc. Durante o Renascimento, com o sucesso da *Commedia dell'Arte*, esses tipos, que às vezes são caracterizados por um traço passional e outras vezes por um traço social (o Doutor, o Capitão), se fixam e são adotados pela Europa toda, de onde emigram também para as colônias.

Na sua origem, apresentavam características bem italianas (falavam dialetos, por exemplo), mas quando os atores que os interpretavam começaram a viajar, foram perdendo as raízes locais e conservaram a caracterologia passional e profissional e seus estratos sociais originais. Boa parte deles (Pantaleão, Capitão e Doutor) são figuras de classe média e os demais (Briguela, Arlequim) pertencem à classe baixa.

No final do século XVIII, quando a *Commedia dell'Arte* foi se extinguindo, esses tipos já estavam perpetuados pela pena de muitos autores, sendo o mais bem sucedido, Molière. O Pantaleão transformou-se em "pai irado"[6] dos jovens enamorados (que foram introduzidos no final do século XVII) e todos os Zani, criados, deixaram de ter individualidade maior, sendo apenas ou extremamente espertos, ou sonsos.

O tipo cômico que povoa esse gênero de peça tem o aspecto didático de que trata Henri Bergson. É associal e extremamente ridicularizado, age de modo mecânico como um boneco emperrado[7].

Todo tipo cômico é necessariamente fragmentado, na medida em que não é senhor do seu eu, sendo comandado por seu vício ou sua ideia fixa, pelos valores de sua profissão ou de sua classe

---

6   Estamos adotando "pai irado", amparados em uma classificação de N. Frye, *Anatomia da Crítica*.
7   Em *O Riso*, Bergson afirma que a função da comédia é corrigir características associais, vícios, através da caricatura, uma função didática que muitas comédias têm. Diz ele ainda que a personagem cômica – o tipo – é mecanizada, no sentido de ter gestos automáticos.

social que determinam seu comportamento e seu discurso, inclusive em circunstâncias às quais absolutamente não se adequam.

Porém, a fragmentação do tipo cômico não se propõe como modelo representativo da condição humana e sim como específica daquele indivíduo ou, no máximo, de um pequeno grupo social.

PERSONAGEM FRAGMENTADA E DESDRAMATIZAÇÃO DO DRAMA

Para compreendermos a relação entre personagem fragmentada e desdramatização do drama, é necessário enfocar os três gêneros: o lírico, o épico e o dramático.

A voz central do lírico é um eu que expressa seu mundo interior – sentimentos, emoções –, um eu que sente. Sua subjetividade se projeta nas circunstâncias que o cercam e dá o tom, a cor, a forma, sempre como manifestação de seu estado anímico ("Chove na rua e nos olhos meus"), resultando numa fusão entre "eu" e "mundo". A interjeição, a onomatopeia e a metáfora são as formas por excelência de expressão desse ser de ficcional.

A voz central do gênero épico é um eu onisciente que narra situações e fatos ocorridos no passado. Ele não se mistura com os acontecimentos. Mostra-os com objetividade, segundo seu ponto de vista.

O gênero dramático pressupõe pelo menos duas personagens em conflito presentificado, como se estivesse ocorrendo aqui e agora. Cada uma delas quer provar que seu ponto de vista e seus objetivos são melhores e corretos. É o conflito que impulsiona o enredo e, portanto, a evolução da personagem e do seu traçado final.

Em síntese, o eu lírico sente, o narrador mostra, a personagem dramática prova[8]. Dificilmente se encontra um gênero no estado puro, eles se misturam dentro de uma obra. Por exemplo: Tom (de *À Margem da Vida*, de Tennessee Williams) começa narrador, falando diretamente ao público, mas,

---

8 Nossa classificação dos gêneros foi feita a partir de E. Staiger, *Conceitos Fundamentais da Poética*. Como ele, acreditamos que os gêneros se fundam em atividades inatas do homem.

em seguida, senta-se à mesa com a família e entra no papel de filho e de irmão. *De Braços Abertos*, de Maria Adelaide Amaral, trata do reencontro de um casal, porém quase toda a peça transcorre quando tinham uma vida em comum, embora eles e o público saibam que é uma relação que acabou. Contudo, a tensão essencial ao dramático se faz sentir o tempo todo. Não se sabe se eles vão fazer as pazes ou não, além do quê, tudo está sendo representado e não narrado.

Para que a personagem expresse seu íntimo, o dramaturgo lança mão de recursos como o monólogo, o confidente e o aparte e, embora o gênero dramático se caracterize pelo diálogo, nenhuma dessas técnicas impede, a princípio, que o conflito se desenvolva por encadeamento lógico, cronologia coerente, ou que determine o desenlace.

Mesmo se todas as cenas de uma peça têm como função construir o mundo interior de uma personagem, diremos que é um teatro lírico. Um mestre nesse tipo de obra é Federico Garcia Lorca.

Quando a personagem se fragmenta em decorrência do meio em que está inserida há, em geral, a necessidade de enfocar o ambiente. Esse deslocamento do foco da ação para o ambiente implica na suspensão da presentificação, o que significa ampliar os recursos épicos, desdramatizar o drama.

Se a personagem se fragmenta porque o autor quer mostrar que ela é uma soma de máscaras, tem vários eus, pode haver uma transferência do foco da ação para o interior da figura, o que redunda em desdramatização do drama.

De maneira que há uma relação estreita entre personagem fragmentada e a desdramatização do drama, que se verifica principalmente à partir do século xix, embora seja possível encontrar personagens fragmentadas em peças que se aproximam do dramático mais puro.

PERSONAGEM E MODELIZAÇÃO

Toda personagem que sobrevive através dos tempos tem um aspecto típico, sem o qual sua transposição temporal seria inviável, ao mesmo tempo que apresenta aspectos datados, que denotam o período em que foi concebida e são característicos da época, e que permitem sua classificação por estilos (herói trágico, romântico, barroco).

Por exemplo, o terror de Édipo ao se descobrir incestuoso involuntário é típico, enquanto o incesto for considerado imoral, e se comunica imediatamente com o público. Sua reação de entrar no castelo, cegar-se, e voltar dizendo "Ai de mim" é característica disso.

Por sua vez, D. Rodrigo (*O Cid*, de Pierre Corneille) fica transtornado ao ter que optar entre a honra do pai e o amor de Ximena. Um conflito característico, pois honra e duelo caíram em desuso. Assim, para que a peça não se transforme em comédia, é necessário que público e intérpretes abstraiam o anacronismo do dilema, reduzindo-o a desejo e dever, tornando-o típico.

Ampliando-se o grau de abstração até aqui usado para estes conceitos, é possível chegar-se à modelização empregada por parte da crítica, que é aplicável a blocos maiores da história do teatro do que os abarcados dentro dos estilos, permitindo uma compreensão de mudanças mais globais, e também significativas, ocorridas na evolução da personagem teatral.

Com esse tipo de enfoque é possível distinguir três categorias: o *típico* e o *característico* (Anatol Rosenfeld e Jacó Guinsburg) e o *atípico* (Sarrazac)[9].

A categoria "típico" se aplica às personagens íntegras, compostas por um traço fortemente dominante, que aparecem com frequência na literatura teatral, da Grécia ao romantismo. Movidas por valores, sentimentos, ou paixões muito definidas (Antígone, de Sófocles, Fedra, de Racine) elas tendem a personificar tais valores, sentimentos ou paixões, apresentando-se como arquétipos. Seria possível dizer "fraternal como Antígone", "incestuosa como Fedra", ou ainda, "Antígone, a defensora da família", "Fedra, a paixão incestuosa".

A categoria "característico" se aplica tanto às personagens íntegras como às fragmentadas, que predominam sobretudo a partir do romantismo, cujo traçado psicológico é mais detalhado.

---

9   Sobre o típico e o característico, ver A. Rosenfeld, Aspectos do Romantismo Alemão, *Texto/ Contexto 1*, p. 147; e A. Rosenfeld; J. Guinsburg, Romantismo e Classicismo, em J. Guinsburg (org.), *O Romantismo*, p. 261. Sobre o atípico, ver J. P. Sarrazac, *L'Avenir du drame*.

Elas trazem também um subjetivismo maior, que as caracteriza mais como indivíduos ficcionais e menos como arquétipos. São personagens concebidas no momento histórico e não como modelos eternos. Por exemplo: é possível dizer-se "justiceiro como Carlos" (*Os Bandoleiros*, de Friedrich Schiller), uma cópia de Robin Hood. Mas se compararmos Carlos e Édipo (*Édipo Rei*, de Sófocles), a questão pode ficar mais clara: Édipo quer fazer justiça, prender o assassino de Laio e salvar a pólis. Carlos quer fazer justiça a seu modo e esse modo só se aplica a uma sociedade em que haja ricos e pobres e em que as leis e organismos não se encarregam de forçar uma melhor distribuição de rendas. A justiça de Carlos é pessoal e condicionada a um contexto, a de Édipo é apresentada como inquestionável, um imperativo natural, senão divino, porque comunicado através de oráculos.

A categoria *atípico* só se aplica a algumas personagens fragmentadas. A personagem alienada, que não sabe direito quem é e a que veio. São os estrangeiros, condenados inocentes, que dominam o teatro do século xx.

Composta por traços mínimos justapostos, sem traçado psicológico coerente, sem contexto histórico, social, ou geográfico preciso, ela se encontra no limite de comunicabilidade. Um passo além e tornar-se-ia incompreensível. Sua configuração não favorece a identificação por parte do receptor que, em princípio, só empatiza com a situação em que ela foi colocada. É a situação que é arquetípica e não a criatura.

Por exemplo, Winnie (*Dias Felizes*, de Beckett) aparece enterrada até a cintura, durante o primeiro ato, no segundo, até o pescoço. No primeiro, ela ainda pode escovar os dentes, pentear o cabelo e efetuar os demais gestos triviais, no segundo, nem isso, só lhe resta tagarelar para sentir-se viva: "Ter sido sempre a mesma que sou hoje e tão diferente daquela que fui. Sou uma, digo eu: sou uma e a seguir sou outra. Ora uma ora outra. Há tão poucas coisas a dizer. Dizemos tudo o que podemos. E nada é verdade, seja onde for"[10].

Cabe ressaltar que a personagem atípica é típica do teatro do século xx e da noção de homem, sociedade e mundo expressa pelos autores em suas obras.

---

10 S. Beckett, *Dias Felizes*, p. 74-75.

PERSONAGEM FRAGMENTADA E A FUSÃO DOS GÊNEROS

O tipo cômico, como já foi dito acima em "A Cultura e a Fragmentação da Personagem", caracteriza-se como uma criação ficcional mecanizada. Determinado por um vício psicológico, profissional, ou ambos, ele perde a capacidade de perceber claramente a situação em que está colocado e reage sempre de modo inadequado às circunstâncias, expressando seu condicionamento. Tem em comum com o herói trágico a semicegueira, mas enquanto a semicegueira do herói trágico advém da precariedade da condição humana, sendo inexorável, a semicegueira do tipo cômico nasce de uma deficiência perfeitamente evitável, que só acomete os mortais ocasionalmente (quando escorregam numa casca de banana, por exemplo). Essa deficiência ampliada e transformada em traço de caráter ou em padrão de comportamento constante é uma caricatura, é o tipo cômico.

A personagem fragmentada assim o é porque traduz uma autoimagem do homem movido por um inconsciente que ele não controla, determinado pelo meio, um sujeito que, ao relacionar-se com qualquer objeto, projeta sua subjetividade, tendo portanto uma visão parcial. Essas deficiências são extremamente semelhantes às que sempre caracterizaram o tipo cômico, contudo, devido à evolução do conhecimento científico, elas se transformaram em qualidades inerentes à condição humana e, portanto, trágicas. De maneira que a personagem fragmentada é, por constituição, uma personagem tragicômica. Sempre que uma personagem fragmentada for central, a peça será tragicômica. Não importa se o acento é cômico ou trágico, será sempre uma tragicomédia.

A Personagem Íntegra

A dramaturgia é um gênero literário que pressupõe uma montagem teatral. Por isso mesmo, o autor tem de se expressar através da personagem e não por meio de descrições e impressões (que podem constar nas rubricas para dar indicações aos atores e ao diretor) que não se comunicam diretamente com o público. A personagem dramática se expressa, age, raciocina e se move sempre como se estivesse presente aqui e agora.

Para criá-la, o dramaturgo pode utilizar-se de vários recursos (monólogos, diálogos, gestos), mas é principalmente através do que ela diz e faz, das reações que provoca e do que é dito a respeito dela que a sua figura se cristaliza.

Ela pode ser construída de modo esquemático, ou seja, apenas com as características imprescindíveis para o desenrolar da história, ou de modo detalhado, com traços que enriquecem seu desenho, mas não são indispensáveis ao enredo.

Na primeira cena de *Antígone*, de Sófocles, a heroína conversa com sua irmã Ismênia e conta-lhe que Creonte, rei de Tebas, providenciou que Etéocles fosse enterrado com todas as honras, mas proibiu que Polinice fosse sepultado. Quem ousasse desobedecer essa ordem pagaria com a morte. Essa cena exerce várias funções: colocar o público a par do enredo, contrapor os temperamentos de Antígone (corajosa) e de Ismênia (prudente) e deixar claro que a protagonista vai desobedecer o édito de Creonte, mesmo que tenha que pagar com a morte, porque ama os dois irmãos e porque deixar um cadáver insepulto significaria contrariar as leis divinas.

Desde o primeiro momento da peça, Sófocles completou o desenho de Antígone, para depois simplesmente mostrar sua ação, também já declarada. É um traçado simples, mas suficiente.

Por sua vez, Nora (*Casa de Bonecas*, de Ibsen) é uma personagem que vai se modificando ao longo do texto. Há informações pormenorizadas sobre ela: classe social, tipo de casamento, relacionamento com os filhos, com o pai, amigo etc. Ela se torna vítima de chantagem devido ao dinheiro que tomou como empréstimo quando da doença do marido. Em síntese, sua vida, que era um conto de fadas burguês, desmorona diante da cruel realidade que aí irrompe. Seu esposo, ao invés de compreendê-la, se opõe a seu ato e só se preocupa com a própria reputação. Obrigada a tomar consciência de seu verdadeiro casamento, ela abandona o lar.

Muitos séculos separam Nora e Antígone. Nora é uma cidadã comum, uma pequena heroína cotidiana, de sua ação depende apenas a própria família. Antígone é uma princesa, de sua atitude participa toda a cidade. Apesar dessas diferenças e da primeira ser esquemática, enquanto a segunda *é* detalhada, ambas são personagens íntegras. A heroína grega tem como traço dominante o amor fraterno, é coerente com o que pensa e faz, toma a ação nas mãos e decide o conflito. Nora é coerente consigo mesma e com as circunstâncias, conforme ela as vê, seja enquanto pertence à casa de bonecas, seja quando deixa o clã. Ela tem como valor dominante a defesa de um matrimônio onde os cônjuges se apoiem sem restrições. A partir disso, ela toma a ação nas mãos e decide o conflito.

Tanto o herói quanto a figura que classificamos como pequeno herói cotidiano são personagens íntegras, agentes da ação, com traço psicológico dominante e vontade determinada.

Na dramaturgia brasileira, há inúmeros exemplos de pequenos heróis cotidianos, entre os quais Lucília (*A Moratória*, de Jorge de Andrade). Quim e Helena, seus pais, eram proprietários rurais, mas devido à crise do café perdem tudo. Quem passa a sustentar a família na nova situação é Lucília, costurando para clientes de fora. É claro que, se considerarmos que Quim poderia perfeitamente inventar uma forma de se manter, embora não tivesse aprendido a fazer outra coisa na vida exceto ser fazendeiro, veremos a personagem Lucília como simplesmente uma vítima. Porém, achamos que, apesar de ser vítima, na prática é ela quem soluciona o conflito, tem vontade determinada, com o valor dominante de manter a família unida, e, assim, classificamos essa personagem como íntegra.

Nas comédias de costumes, os jovens enamorados que querem escolher seus parceiros e não casar com aquele que o pai determinou também são pequenos heróis cotidianos e íntegros.

É o caso de Rosinha e Miguel, em *Os Três Médicos*, de Martins Pena, que fingem para o pretendente da garota e amigo do seu pai, que ela possui um amante e tem intenção de conservá-lo para toda a vida (dr. Miléssimo, com quem ela se casa), simulação que faz com que o dr. Lino desfaça o noivado.

Nesse mesmo tipo de comédia, outras vezes são os criados que concebem o plano para eliminar os pretendentes indesejados e eleger aquele que de fato é amado. Sganarello (*Amor Médico*, de Molière) é viúvo e não quer que a filha se case, pois deseja mantê-la como sua companheira. Rejeita um pretendente que enviou um emissário para pedir a mão de Lucinda. Entristecida, ela fica adoentada. Lisette, a criada, ao tomar conhecimento do que se passava, recebe e desmascara os quatro médicos chamados por Sganarello e convence-o a consultar um médico do espírito, um psiquiatra. Clotaldo, o amado de Lucinda, é quem vem examiná-la. Todo de branco, convence o pai de que a filha está obcecada pela ideia de se casar e que, sendo ele, Clotaldo, absolutamente contra o matrimônio, não haveria problemas em simular uma união falsa entre ele e a moça. Ela ficaria curada e o documento seria apenas um papel. Sganarello acata a ideia e, evidentemente, o notário levado para celebrar a cerimônia é um juiz de verdade.

A nomenclatura "herói dividido", utilizada para designar a personagem que hesita entre duas motivações, foi adotada por nós devido ao seu emprego generalizado, apesar de acharmos tal designação imprecisa, na medida em que não distingue o herói com mais de uma motivação – que conserva um traço dominante (personagem íntegra) – daquele que mantém a divisão até o fim do enredo. Estamos, portanto, aplicando o termo somente para aqueles heróis que são íntegros, embora psicologizados.

É possível citar inúmeras personagens que hesitam sem se fragmentar, mesmo na tragédia grega. Tomemos como exemplo os discursos finais de Édipo e Antígone (duas personagens de Sófocles), quando tomam consciência do infortúnio em que caíram: esta lastima morrer sem ter conhecido o himeneu, aquele, por sua vez, lamenta não mais poder ver os filhos. Tais discursos não fragmentam as personagens, apenas acentuam sua condição humana, favorecendo a catarse. Além desses, Eléctra chora, em Eurípedes, após o crime; por sua vez, em Ésquilo e Eurípedes, Orestes hesita antes de matar a mãe. Em todos esses casos cabe dizer que tais conflitos internos pronunciam o caráter da personagem. Nas várias versões de Electra, ela e Orestes são vingadores acima de suas ligações com a mãe. Agamêmnon (Ésquilo) vacila muito antes de matar Ifigênia, mas se mostra guerreiro e patriota acima de pai, e Medeia (Eurípedes) vacila em matar os filhos, mas é vingadora acima de mãe.

Dom Rodrigo (*O Cid*, de Corneille), apaixonado por Ximena, vê-se obrigado a desafiar o pai de sua amada para um duelo, porque este feriu a honra de seu pai. O herói hesita, mas opta pela honra. Nem por isso os dois jovens deixam de se amar. Dom Fernando (um rei *ex machina*) determina que o moço lute pela pátria. Como ele volta vitorioso, ostentando o título de *Cid*, o rei manda que se casem. O Cid é honrado, acima de apaixonado.

Essa questão do herói dividido fica bem mais complicada no caso de personagens concebidas segundo a crença de que as paixões não podem ser contidas pela razão. Tais criaturas, de certo modo, são vítimas de sua própria psique: não são elas que controlam suas emoções e sim as paixões que as impelem. Embora precursoras da personagem fragmentada dominada por um inconsciente, elas não são necessariamente classificadas como fragmentadas. Essas personagens são íntegras se e quando dominadas por uma única força (ciúme, orgulho, ira) que se contrapõe a sua ética, e são fragmentadas quando há forças justapostas, sem decisão até o fim do enredo. Somente nesse último caso a figura perde a clareza de seus contornos.

A Fedra de Racine é uma heroína dividida. Acometida por uma paixão incontida pelo enteado Hipólito, faz de tudo para conservá-lo à distância. Quando ele volta para casa, ela entra em crise irremediável. Enone, sua criada, intervém e convence-a a declarar seus sentimentos a Hipólito. Este a despreza. Fedra e Hipólito supõem que Teseu esteja morto, mas este retorna são e salvo. Novamente Enone age, dessa vez no sentido de incriminar Hipólito. Fedra decide que vai falar a verdade e inocentar o rapaz. Quando está prestes a fazê-lo, Teseu conta-lhe que Hipólito está apaixonado por Arícia. Enciumada, ela se cala. Fedra titubeia o tempo todo entre a paixão e a moral. Percebe-se que gostaria de optar pela moralidade, mas suas emoções não permitem. Teseu vinga-se de Hipólito, e Fedra conta-lhe a verdade quando já tomou um veneno e está prestes a morrer. Teseu perde a mulher e o filho.

Fedra conserva o traço dominante que a torna a personificação da paixão proibida. Ela não é apenas uma mulher apaixonada acima da moralidade, ela é a paixão encarnada. Teseu também é acometido de uma ira que o impede de apurar os fatos antes de amaldiçoar o próprio filho, mostrando-se orgulhoso acima de pai.

O Otelo de Shakespeare, o valente e corajoso militar mouro, apaixona-se perdidamente pela bela e loura Desdêmona e é correspondido. Temendo a oposição do sogro, sequestra-a para casar-se. Acaba conseguindo resolver o problema familiar, contudo cai no ardil armado por Iago e, acreditando que a esposa o traía com Cássio, é tomado por um ciúme alucinado e mata-a.

A paixão desmesurada de Otelo também é seu traço dominante, ainda que, diferentemente de Fedra, ele não seja a paixão encarnada. Porém ele é um indivíduo mais complexo e detalhado (sua cor, sua classe social etc. fazem parte de seu caráter para justificar seu grau de ciúmes), o que o torna característico e não típico. Sua paixão fica condicionada às circunstâncias já especificadas.

A classificação mais complicada de herói dividido é indubitavelmente a de Hamlet, de Shakespeare, que nos parece uma personagem íntegra. Não que estejamos adotando a leitura de Walter Benjamim, em *Origem do Drama Barroco Alemão*, segundo a qual a dúvida de Hamlet está em viver ou morrer e toda a sua ação se faz no sentido de buscar a morte. Também não partimos do pressuposto de que o fantasma do pai seja uma alucinação de Hamlet para justificar seu desejo de matar o rei Cláudio, nem da premissa de que o conflito entre Hamlet e Cláudio, uma sucessão de ratoeiras, se dá em mutismo absoluto, de maneira que as falas do príncipe são consideradas supérfluas ou simuladas, bem como sua melancolia.

Todas essas interpretações são sustentadas e corroboradas pelo pressuposto de que se trata de uma personagem íntegra, porque elas veem em Hamlet uma motivação única. Considerando que Hamlet é a personificação da dúvida, ou ainda, a primeira personagem que padece da paixão da razão, vejamos suas principais oscilações e se elas se solucionam ou não durante o enredo.

O príncipe escuta da boca do fantasma de seu pai que este foi assassinado pelo rei Cláudio, atual marido de sua mãe. Hamlet acredita nessa informação, mas não totalmente. Resolve a questão quando pede aos atores para que representem um enredo semelhante ao ocorrido e observa a reação do seu padrasto. Diante disso, não sabe se foge da Dinamarca ou se vinga o pai. O rei não o quer longe, mas acaba concordando com a ideia da viagem de Hamlet, para mandar matá-lo no percurso. Hamlet se salva da emboscada e volta para ajustar contas. A dúvida entre fuga e vingança estava solucionada, o príncipe opta pela vingança. No entanto, ele não sabe se quer viver ou morrer. Como decididamente não vê a menor possibilidade de assumir o trono, poderia fugir para um local ignorado, seria a escolha pela sobrevivência sem vingança. Sua opção por cortar cabeças, contém a aceitação do risco de morrer. Assim, não há conflitos excludentes: a vingança implica em ficar na Dinamarca e correr risco de vida. Ignorar o fantasma significa não se vingar, fugir da Dinamarca e viver livre. Portanto, é um mesmo conflito com três variáveis (vingar ou não vingar; ficar ou fugir; viver ou morrer). Ele faz sua opção. De maneira que, embora Hamlet seja um herói dividido e uma personagem excepcionalmente complexa, ele se mantém íntegro e não fragmentado.

Além das vítimas passionais e da paixão da razão de Hamlet, há o caso limítrofe das personagens que são simplesmente vítimas. Adotamos o critério de considerá-las íntegras quando não apresentam justaposição de traços, ainda que caibam na rubrica de condenados inocentes.

É o caso de Hipólito, na versão de Racine, e de Fedra e Teseu, segundo Eurípedes. Na peça grega, a deusa Afrodite decide vingar-se de Hipólito que, além de se manter casto, só presta homenagem ao santuário de Ártemis, ignorando totalmente a existência da deusa do amor. Para tanto, a deusa incute na madrasta uma paixão fulminante pelo enteado. Fedra tenta conquistar o rapaz, mas é rejeitada. Desesperada, mata-se, mas conserva nas mãos um bilhete incriminando Hipólito. Teseu, ao dar com a esposa morta, fica arrasado e, ao tomar conhecimento dos motivos falsos, encoleriza-se e vinga-se do filho com a ajuda de Posseidon. Ártemis intervém e o traz para casa, já moribundo, porém com tempo suficiente para contar a verdade e perdoar o pai pela vingança injusta.

O conflito central é entre Afrodite e Hipólito. Fedra e Teseu são joguetes na mão da deusa, utilizados para a execução do castigo. São vítimas inocentes da divindade e inconscientes da função que exercem. Mesmo assim, preservam traços dominantes, ela de apaixonada irresistivelmente, ele de vingativo acima de pai.

A personagem Leonor de Mendonça, de Gonçalves Dias, é uma vítima do marido. Malcasada, recebe galanteios de Alconforado a quem também quer, mas não ousa viver essa relação adúltera. O marido percebe a situação e mata-a. Não por ciúmes, como Otelo, mas por honra, ou simplesmente para livrar-se dela. Leonor é uma mulher pura e honrada, acima de sua emoção. Para ela, o dever vem antes da emoção. Trata-se de uma vítima, mas é uma personagem íntegra.

EM CONTEXTO INTEGRADO

Em contexto integrado, a personagem íntegra, ou seu antagonista, ou ambos, são em geral os responsáveis pela desarmonia provisória do contexto. Todos os exemplos de personagem íntegra dados até agora estão em contexto integrado, porém, *Casa de Bonecas* pode apresentar contexto desintegrado se, ao invés de considerarmos que se trata de uma crítica àquele casamento específico, julgarmos ser uma crítica ao casamento em geral, caso em que o contexto seria desintegrado.

Da mesma forma, os Capuletos e os Montequios são os culpados pela confusão que reina em Verona, em *Romeu e Julieta*, de Shakespeare. Romeu e Julieta são íntegros, apesar dos conflitos entre amor e família. Optam decididamente pelo amor, que não conseguem viver devido à incompatibilidade dos parentes. Tentam fugir, mas alguns quiproquós os detêm. Usam artimanhas que acabam se voltando contra eles próprios. Os dois perdem no microcosmo da peça, embora vençam no macrocosmo. Não conseguem se unir enquanto vivos, porém geram o entendimento entre as famílias ao morrerem.

Os habitantes de Fuente Ovejuna, da obra homônima de Lope de Vega, rebelam-se, sob inspiração de Laurência, contra o burgomestre que exorbitava do poder, querendo, como os senhores feudais da peça *El Mejor Alcalde, el Rey*, de Lope de Vega, se arrogar o direito de possuir as mulheres que desejasse, mesmo à revelia destas. O burgomestre é morto e toda a cidade assume o feito. O rei manda averiguar e não consegue descobrir um culpado, a coletividade toda se diz responsável, concluindo que se toda a cidade estava unida, a cidade tinha razão. Fuente Ovejuna vence no micro e no macrocosmo, eliminando o antagonista, o causador da desordem.

O Ricardo III, de Shakespeare, é, embora grotesca, uma personagem íntegra em contexto integrado. Para chegar ao poder, trai, abusa de ardis e mata. Sua morte fará com que a ordem se restabeleça na Inglaterra.

EM CONTEXTO DESINTEGRADO

Esse tipo de construção apresenta o protagonista como vencedor, mas não no microcosmo da peça, quando se trata de dramas. A presença do contexto desintegrado em contraste com a integralidade da personagem denota a denúncia de uma situação ou de uma sociedade. É o caso, por exemplo, das histórias de mártires cristãos, como Joana D'Arc. Fora do âmbito religioso há também inúmeros exemplos e não somente no teatro romântico, onde a incidência é marcante. Esse tipo de personagem, em dramas, é sempre aquele que denominamos "herói impotente".

Beatriz (*Os Cenci*, de Percy Shelley), violentada pelo pai, o conde Cenci, que é extremamente cruel com todos os circunstantes, é uma personagem íntegra. Ela lidera a família que contrata dois matadores para pôr fim à vida do conde. O crime é descoberto por duas visitas inesperadas e todos são presos e julgados pelo papa. Acontece que os Cenci são da riquíssima família Médici e como o conde corrompia a todos, inclusive a Igreja, apesar do testemunho dos familiares e de alguns padres sobre as atrocidades cometidas pela vítima, todos são condenados por parricídio pelo papa Clemente VIII.

Jerry (*História do Zoológico*, de Edward Albee) é um cidadão de classe baixa, habitante de Nova York, que se encontra com Peter, um burguês com quem disputa um banco no Central Park. Peter costuma ler sentado lá, todo o domingo. Jerry, mais do que se apossar do banco, quer conversar, pois mora numa pensão onde só se relaciona com um cachorro vira-latas, com quem se identifica por também estar marginalizado. Peter, de início, ouve suas histórias por educação, mas, aos poucos, vai se encolerizando, até que Jerry põe uma faca na mão dele e se suicida jogando-se sobre a arma, incriminando Peter.

Jerry é uma personagem íntegra, mas impossibilitada de cumprir sua vontade de relacionar-se com fraternidade com as pessoas, pois uma sociedade de classes em luta torna seus membros divididos e desconfiados de todos os que não pertencem ao seu mesmo grupo.

Todos os jovens em *O Despertar da Primavera*, de Frank Wedekind, encontram-se como amigos e a maioria, nos primeiros casos de namoro, sente o ímpeto da sexualidade, um fenômeno biológico e natural. Todos os adultos (pais e professores) tratam de reprimi-los e mantê-los desinformados. A mãe de Wendla, por exemplo, se nega a explicar para a filha como nascem os bebês. Em seguida, a menina fica grávida sem ter a menor ideia de como isso se deu de fato. Moritz é expulso do colégio e suicida-se. A peça apresenta personagens íntegras, mostrando que um contexto onde sexo é um tabu e onde adultos, ao invés de orientar os jovens, castigam e mentem, só pode ser desintegrador.

Em *A Gota d'Água*, peça de Paulo Pontes, baseada na *Medeia* de Eurípedes, Joana não se conflita com Jasão nem mata os filhos simplesmente por ser mulher traída, mas por não ter as mínimas condições de sobrevivência. Como Joana, há um número fantástico de personagens íntegras que são vítimas de um contexto social economicamente aniquilador que marginaliza boa parte de seus cidadãos. Como exemplo, citaremos uma peça de Tennessee Williams, o mestre desse tipo de teatro nos Estados Unidos, e de Plínio Marcos, dramaturgo brasileiro.

Neuza Sueli, personagem de *Navalha na Carne*, de Plínio Marcos, é uma prostituta que, como é comum, paga um cafetão (Vado) para ter companhia e segurança. Mora num hotel fuleiro e, como está envelhecendo, não ganha muito, pelo contrário, cada vez menos. Vado a trata estupidamente e vai deixá-la em breve para agregar-se a alguma prostituta mais moça. Ela tenta melhorar de situação, mas seu futuro é uma derrocada.

Blanche Dubois, de *Um Bonde Chamado Desejo*, de Tennessee Williams, fica com os pais, enquanto os irmãos saem cada qual para viver sua vida. Com o tempo o dinheiro é insuficiente para manter a casa e ela se prostitui. Depois da morte dos pais, ela fica só e vai procurar a irmã. Blanche finge se tratar somente de uma visita, quando na verdade tem a intenção de realizar uma mudança definitiva, porque não tem para onde ir. Faz-se de casta para casar-se, mas é desmascarada pelo cunhado e vê o noivo evadir-se. Seduzida pelo cunhado, tem de abandonar a casa. Seu rumo, o sanatório.

A personagem íntegra em contexto desintegrado só vence, no microcosmo, em peças cômicas ou tragicômicas nas quais é apresentada de modo grotesco para evidenciar que uma sociedade desintegrada possibilita o sucesso de protagonistas desse tipo.

Calímaco, personagem de *A Mandrágora*, de Nicolau Maquiavel, quer conquistar o amor de Lucrécia, casada com Messer Nícia. Para isso, ele suborna as outras personagens e engana o marido, que queria ter um filho. Disfarçando-se de médico, consegue seu intuito. Dois fatores contribuem para seu sucesso: Messer Nícia é um tipo farsesco, um perfeito idiota, e a sociedade é inteiramente corrupta, como Calímaco.

O juiz Adão (*A Bilha Quebrada*, de Heinrich von Kleist) recebe uma queixa de D. Marta de que alguém havia quebrado sua bilha antiquíssima, de valor inestimável. Esse acidente ocorreu quando um fugitivo saía do quarto de sua filha Eva. Acontece que Adão (grotesco, manco, de testa ferida) é quem tinha invadido o quarto da moça que o rejeitava. Ele procura disfarçar cada vez mais as evidências que indiscutivelmente o incriminam. Essa situação é presenciada pelo desembargador que chegou à cidade para fiscalizar o trabalho do juiz e, por ordem desta autoridade, Adão condena um réu inocente, a fim de salvaguardar a imagem do judiciário.

Claire Zahanassian (*A Visita da Velha Senhora*, de Friedrich Dürrenmatt) volta riquíssima para sua paupérrima cidade natal. Os habitantes da cidade esperam que ela os ajude e Claire sabe disso. Essa ajuda tem um preço, a cabeça de Schill, um dos cidadãos que a prejudicou no passado. É um escândalo. Claire, a velha senhora (prostituta, com perna mecânica e mão postiça, simplesmente espera. O desejo de prosperidade vai contagiando a população. Schill é morto. Não se sabe quem foi. Claire vence no micro e no macrocosmo.

A Personagem Fragmentada

Conforme já dissemos no capítulo 1, no item "A Crítica e a Personagem Fragmentada", há menções sobre a fragmentação da personagem em vários textos teóricos, os quais passaremos a descrever.

Antonio Candido diz:

a noção a respeito de um ser, elaborada por outro ser, é sempre *incompleta*, em relação à percepção física inicial. E que o conhecimento dos seres é fragmentário.

Esta impressão se acentua quando investigamos os, por assim dizer, fragmentos de ser, que nos são dados por uma conversa, um ato, uma sequência de atos, uma afirmação, uma informação. Cada um desses fragmentos, mesmo considerado um todo, uma unidade total, não é uno, nem contínuo. Ele permite um conhecimento mais ou menos adequado ao estabelecimento da nossa conduta, com base num juízo sobre o outro ser; permite, mesmo, uma noção conjunta e coerente deste ser mas essa noção é oscilante, aproximativa, *descontínua*. Os seres são, por sua natureza, misteriosos, inesperados. Daí a psicologia moderna ter ampliado e investigado sistematicamente as noções de *subconsciente* e *inconsciente*, que explicariam o que há de insólito nas pessoas que reputamos conhecer[1].

---

1 A Personagem do Romance, em A. Candido et al, *A Personagem de Ficção*, p. 56. Grifos meus.

E continua, mais adiante: "o romance, ao abordar as personagens de modo *fragmentário*, nada mais faz do que retomar, no plano da técnica de *caracterização*, a maneira fragmentária, insatisfatória, incompleta, com que elaboramos o conhecimento dos nossos semelhantes"[2].

Segundo ele, as personagens são tratadas de dois modos principais:

1. como *seres íntegros* e facilmente delimitáveis, marcados duma vez por todas com certos traços que os caracterizam;
2. como *seres complicados*, que não se esgotam nos traços característicos, mas têm certos poços profundos, de onde pode jorrar a cada instante o desconhecido e o mistério[3].

Para Anatol Rosenfeld:

A enfocação microscópica aplicada à vida psíquica teve efeitos semelhantes à visão de um inseto debaixo da lente de um microscópio. Não o reconhecemos mais como tal, pois, eliminada a *distância*, focalizamos apenas uma parcela dele, imensamente ampliada. Da mesma forma se desfaz a personagem nítida, de contornos firmes e claros, tão típica do romance convencional. Devido à focalização ampliada de certos mecanismos psíquicos, perde-se a noção da personalidade total e do seu "caráter" que já não pode ser elaborado de modo plástico, ao longo de um enredo de sequência causal, através de um tempo e cronologia coerente. Há, portanto, plena interdependência entre a dissolução da cronologia, da motivação causal, do enredo e da personalidade. Esta última, ademais, não se esfarpa apenas nos contornos exteriores, mas também nos limites internos: ela se transcende para o mundo ínfero das camadas infrapessoais do *it*, para o poço do inconsciente; mundo em que, segundo Freud, não existe tempo cronológico e em que se acumulariam, segundo Jung, não só as experiências da vida individual e sim as arquetípicas e coletivas da própria humanidade[4].

Abirached trata a questão da mimese e da personagem ao longo de todo o seu livro sobre a crise da personagem no drama moderno. Destacamos as partes que nos pareceram mais signi-

---

2 Idem, p. 58. Grifos meus.
3 Idem, p. 60. Grifos meus.
4 A. Rosenfeld, *Texto/Contexto 1*, p. 85.

ficativas, no capítulo "Tudo o que é Real é Irracional", principalmente no que toca às "Modificações no Estatuto da Personagem".

Inicialmente a personagem é despojada das relações com a vida psicológica e social, que lhe haviam sido impostas desde Diderot.

A personagem perde, assim, seus atributos mais significativos, seja pela denúncia, através do burlesco e da paródia, de suas relações com a família, profissão, cultura, economia, seja por sua redução a um esquema. Mostra-se a personagem alienada de suas relações mais elementares com os outros ou coloca-se essa personagem em um outro universo de coordenadas insólitas.

O que é desqualificado, acima de tudo, é o *indivíduo* e a noção de *eu*, com seus interesses, paixões e raciocínios; em seguida, a *sociedade* com seus ritos, costumes e lei; enfim, a *história*, com sua pretensão a um sentido e uma perspectiva ordenados.

Em contraponto a isso, são liberados o inconsciente, o sonho, o imaginário, considerados indizíveis e não observáveis; são registrados *fragmentariamente*, de modo atomizado.

Transformado em um *ele* privado de interioridade, em certos dramaturgos e, em outros, uma emanação do *eu* primordial, a personagem não é mais o suporte de um sentido único: se permanece, aqui e ali, como figura central da peça, é, entretanto, rodeada por signos múltiplos que não domina (objetos, ruídos, movimentos, cores).

De um lado, a personagem é despojada de todos os índices de semelhança com a realidade através dos quais o público estava acostumado a identificá-la em cena; de outro, torna-se porta-voz de uma realidade obscura (parafraseando Artaud).

Nas duas hipóteses, como queria a mimese aristotélica, as marcas do real, mas se trata das marcas de um mundo invadido pelo irracional e cuja verdade é irredutível à consciência, à identidade e ao princípio da não-contradição[5].

Mais adiante, afirma:

perdidas em meio aos objetos que proliferam ao redor delas, essas personagens são pobres, rarefeitas, elementares, incapazes de conduzir uma linguagem; nenhum pensamento claro, nenhuma vontade, nenhuma consciência de si. Elas têm um corpo e um rosto

---

5 R. Abirached, *La Crise du personnage dans le thèatre moderne*, p. 392-393.

anônimos; frequentemente revelam um físico mutilado, disforme, ou submetido a delirantes metamorfoses[6].

Essa personagem pode ser considerada lacunar: não se pode atribuir a ela um caráter ou submetê-la a uma análise psicológica. Ela raciocina, sofre, se alegra, mas tudo isso é entrecortado por sobressaltos insólitos que criam essa lacuna (*o fragmentário*)[7].

Georg Lukács fala do herói problemático, representação do homem problemático que, por defender valores autênticos num mundo cujos valores são inautênticos, valores que norteavam a sociedade quando embasada no sistema de trocas e inexistentes no sistema de valores de uso (que se inicia no Renascimento), está alienado do meio, porque o meio está degradado[8].

Sarrazac, ao descrever a personagem atípica, nomenclatura que adotamos neste trabalho, assim se expressa:

> Inacabada e fragmentada, a nova personagem que abdicou de sua antiga unidade orgânica, biográfica, psicológica, para tornar-se uma personagem costurada, rapsódica – se coloca longe do naturalismo e de todo reconhecimento por parte do espectador.
>
> A elevação simbólica da personagem caminha *pari passu* com a evolução de seu corpo. Essa presença acentuada do corpo impede a abstração e a passagem para a alegoria. A figura não representa a dissolução, mas um novo estatuto para a personagem dramática: personagem incompleta e dissonante (discordante), que precisa do espectador para tomar forma: personagem a ser construída[9].

Cabe notar que todas essas abordagens a respeito da fragmentação da personagem são elaboradas em relação à personagem como representação do indivíduo, outras vezes com relação a ideias filosóficas e, em Sarrazac e Abirached são descritas também pela sua forma de expressão linguística, *lacunar* para o segundo e, para o primeiro:

---

6 Idem, p. 394.
7 Idem, p. 397.
8 Ver Lucien Goldmann, Introdução aos Problemas de Uma Sociologia do Romance, *Sociologia do Romance*.
9 J.-P. Sarrazac, *L'Avenir du drame*, p. 87.

A palavra na dramaturgia moderna, é um signo fraturado: a personagem fala, mas o pensamento age em outra direção. Entre o pensamento e a elocução, que a *Poética* de Aristóteles apresentava como duas entidades unidas e inseparáveis que exprimiam a passagem da potência ao ato, se introduz o obstáculo da *não adequação do homem à linguagem*, da afasia ou da logorreia[10].

Nenhuma dessas análises se dedica a descrever o processo de fragmentação na figura. Há algumas pistas em Antonio Candido, quando ele se refere aos seres íntegros como "marcados de uma vez por todas por traços que o caracterizam"; em Abirached e Sarrazac, ao mencionarem que a personagem é despojada de suas relações familiares e sociais; e, em discussões levadas por Abirached, ela é destutída de vontade.

Além dessas colocações, podem nos auxiliar as reflexões de Jacó Guinsburg, que defende que a personagem fragmentada é construída por justaposição de traços e que esse processo se dá por psicologização da personagem. Depois, devido à própria psicologização chega-se a uma fragmentação, seguida da introdução de personagens compostas apenas de fragmentos.

Podemos contar também com as análises que Richard Gilman, Peter Szondi e Robert Abirached fazem da obra de August Strindberg e de Anton Tchékhov:

A srta. Júlia estabelece um mundo de descontinuidade, fragmentação e contradição, não simplesmente como tema, mas como modo de ser. Este é o verdadeiro propósito da ruptura dos padrões lógicos do diálogo teatral e da introdução no enredo da multiplicidade de motivações de que Strindberg fala [no prefácio à peça].

Sobre Tchékhov, ele cita o autor: "Os homens jantam, apenas jantam, e neste momento seus destinos são decididos e suas vidas destruídas"[11].

Abirached, tratando de Strindberg, afirma:

a noção do caráter, que fica em torno de um traço dominante, a extrema mobilidade do *eu*, é substituída e introduz-se uma *ordem*

---

10 Idem, p. 119.
11 R. Abirached, *La Crise du personnage dans le théâtre moderne*, p. 101 e 136.

artificial em sua energia anárquica, por um outro sistema de referências que constitui a personagem: a *realidade interior do homem*, dividida (*fragmentada*) entre impulsos contraditórios, incapaz de se expressar através de uma linguagem clara. A história do *eu* é indecifrável à primeira vista, porque constituída de traços obscuros, de um fundo primitivo que às vezes aflora à superfície com brutalidade[12].

Referindo-se ao Naturalismo, Szondi diz que "a dissociação do meio, da personagem e da ação, a condição alienada em que estes elementos se apresentam, destrói a possibilidade de uma aparente união destes elementos num movimento total e absoluto tal como requer o drama"[13]. Em seguida, o mesmo autor comenta:

> No drama, a relação interpessoal é sempre uma unidade de opostos que empurram para uma supressão. Com a consciência da necessidade da supressão, os atos e pensamentos antecipadores da *dramatis personae*, enquanto tentam conseguir ou evitar a supressão, geram a tensão dramática que é bastante diferente daquela produzida pela proximidade de uma catástrofe. O fato de que o elemento de tensão está ancorado na dialética das relações interpessoais explica a crise do teatro dramático: solidão e isolamento, como são tematizados por Ibsen, Strindberg e Tchékhov, certamente agudizam a oposição entre os indivíduos, mas ao mesmo tempo destroem o caminho desta oposição até a supressão. De outro lado, a impotência do indivíduo que Hauptmann e Zola descrevem numa perspectiva social e Maeterlinck numa perspectiva metafísica, não permite oposição e conduz a uma personificação de uma unidade íntegra não conflitual e de uma comunidade desmaiada. Além disso, o processo de isolar figuras geralmente traz consigo uma abstração e intelectualização dos confrontos em que as oposições agudas entre indivíduos isolados, num certo sentido, estão sempre ligadas por meios de engendrada subjetividade[14].

Com referência a Strindberg, sublinha:

> o fechamento ou incapacidade de engajar-se numa dialética intrapessoal destrói a possibilidade do drama, que se caracteriza pela decisão dos indivíduos de se abrirem um ao outro. Enquanto estes indivíduos isolados, embora acorrentados uns aos outros, ou cujo

---

12 R. Abirached, op. cit., p. 204.
13 P. Szondi, *Theory of the Modern Drama*, p. 51.
14 Idem, p. 55.

discurso fere a clausura do outro, não eram forçados a compartilhar uma segunda dialética, o drama era possível. O constrangimento que reina aqui (Strindberg e Lorca) nega às pessoas o espaço que necessitam para estarem sós com seus monólogos ou consigo próprias. Num sentido literal, o discurso de um fere o outro, destrói sua clausura e o força a responder.

É o caso de peças de conversação onde tudo já aconteceu antes, que se passam em prisões etc., não são teatro dramático, mas teatro de situação. É o caso das peças existencialistas que, além disso, retiram o sujeito de seu habitat "normal" para jogá-los num habitat estranho onde se sentem alienados.[15]

Com essa bagagem crítica, voltamos às peças de teatro para tentar perceber o que ocorre com a figura, o que torna seu desenho fragmentado, e chegamos às seguintes conclusões: o que determina se uma personagem é ou não fragmentada é a ausência de um traço dominante que torne seu contorno definido.

Detectamos três modos de estruturação que resultam numa forma composta por traços justapostos:

A primeira acontece quando há contradição entre atos, motivações e discurso da própria figura e essa incoerência se mantém sem solução.

A segunda aparece quando há incompatibilidade entre a personagem (seus atos, motivações e discurso) e o que é dito dela e essa dicotomia se conserva insolúvel.

A terceira surge quando há inadequação entre personagem e situação dramática e essa disjunção não se altera ao longo do enredo.

Por justaposição de traços são confeccionados os heróis e as personagens divididos (o que necessariamente põe em cheque a sua condição de heróis) que não se decidem até o final.

O primeiro exemplo disso que aparece na literatura dramática é Ajax, personagem da peça homônima de Sófocles. Para vingar-se de Ulisses, Agamêmnon e Menelau, que o trapacearam num torneio, planejou atacá-los enquanto dormiam no acampamento. Dá-se que a deusa Atena intervém em favor dos reis átridas e faz com que ele tenha visões. Julgando matar seus inimigos, Ajax realiza uma chacina entre cordeiros e pastores.

---

15 Idem, p. 58.

Quando dá acordo de si, envergonha-se de seu comportamento e cai em desespero. Um guerreiro famoso não poderia suportar a humilhação de assumir a matança de animais e inocentes inofensivos, ato que provocaria o riso de seus adversários e o tornaria um covarde. Tecmessa (sua mulher) convence-o a aguentar a provação por ela, pelo filho e pelos demais parentes. Ajax parece concordar, mas, em seguida, pede à mulher que vá para a casa do irmão dele, junto com o filho, para que não sejam admoestados pelos átridas. Encaminha-se então para um rio a fim de lavar-se (está sujo de sangue) e livrar-se da espada (a qual "herdara" de Heitor, quando o matara) com que cometeu a chacina. Porém, suicida-se com a mesma espada.

Que o destino de Ajax seja obra de Atena é indiscutível. Há, no texto, igualmente a sugestão de que é vítima da espada inimiga. De um modo ou de outro, ele também o é de sua psique.

Se o encararmos com os olhos de nosso século, veremos um retrato extremamente preciso de um homem acometido por um delírio psicótico, seguido de uma crise depressiva. Não importa se o problema psíquico tem explicações de ordem divina, mágica (a espada do inimigo) ou científica. Ele é fragmentado por estar sofrendo um processo de alienação psicológica.

Além disso, Ajax é um herói que endoidou e suicidou-se. De maneira que é simultaneamente herói e anti-herói. Tanto que, no final da peça, quando Agamêmnon e Menelau querem impedir que ele seja enterrado, Ulisses dá a última palavra declarando que Ajax havia sido um grande guerreiro e que os fatos posteriores não deviam empanar seu brilho. Merecia ser sepultado com todas as honras, porque não é justo que se apague da memória a gratidão e o respeito pelas façanhas de toda a sua vida. É a própria peça que questiona o heroísmo e o anti-heroísmo colocados na mesma criatura simultaneamente. Apenas a solução é de que Ajax é um herói e deve ser relevado, colocado para segundo plano, o fato de ele ter enlouquecido e se suicidado no final de seus dias.

Parecido, mas não idêntico, é o caso de *Horácio*, de Heiner Müller. Horácio venceu a guerra em favor de seu povo, mas para tal teve que matar um soldado inimigo que era noivo de sua irmã. Ela acusa-o como assassino e, nesse combate verbal, o herói fica indignado e comete fratricídio. A população se divide, uns o proclamam herói, outros o proclamam assassino. Sua condenação sentencia que ele seja carregado como um herói, e, posteriormente, jogado aos cães como os assassinos. E ordena ainda que ele seja lembrado simultaneamente como herói e como assassino.

A diferença entre as duas peças é tênue. As duas figuras são compostas por justaposição, mas como o que é dito delas também compõe o seu desenho, Ajax permanece relativamente íntegro, devido à hierarquização de suas características, enquanto que Horácio permanece fragmentado.

Hedda Gabler, personagem criada por Ibsen em peça homônima, é uma mulher mimada, desejada e bonita, que se casou com Tesman, homem apaixonado por ela e disposto a satisfazer seus caprichos, como atesta o luxo da casa deles. Hedda, segundo seu próprio depoimento, acertou o casamento porque ele pretendia sustentá-la, mas não dedica amor ao marido. Tesman endividou-se para adquirir o imóvel e custear a viagem de núpcias, contando com promoção a catedrático. Acontece que Lovborg, ex-namorado de Hedda, que levava uma vida dissoluta e depois se regenerou, vai concorrer com Tesman pelo cargo, o que não estava nos planos. Hedda, após tomar conhecimento de que foi a mulher mais importante na vida de Lovborg e de que este era um intelectual talvez mais competente do que o marido, persuade-o a ir a uma festa onde certamente iria embebedar-se. É o que acontece e, na embriaguez, Lovborg esquece o manuscrito de seu segundo livro (que Tesman tinha achado simplesmente genial). Tesman guarda o trabalho com a intenção de devolvê-lo, mas acaba confiando-o a Hedda. Esta queima o manuscrito. Lovborg desespera-se por ter perdido a grande obra de sua vida e mata-se com uma das pistolas de Hedda. Isso pode incriminá-la ou deixá-la a mercê de outro ex-namorado, Breck. Diante das duas alternativas, ela se suicida.

Hedda considera o casamento uma prisão, mas não se separa do marido. Vive entediada, oscilando entre traí-lo ou não, mas morre por medo de ficar mal falada. Suas qualidades justapostas são o convencionalismo aliado a um desejo de liberdade que não ousa buscar, como observou Lou Salomé, em *Ibsen's Heroines*. Ela é uma anti-heroína kiekegaardiana, porque, como não opta, não tem autenticidade.

Nina (*Estranho Interlúdio*, de Eugene O'Neill) perde o noivo na guerra, vai trabalhar num hospital e se prostitui. A conselho de Ned, um amigo, e de Marsden, o melhor amigo de seu falecido pai, casa-se com Sam. Apesar de gostar do marido, não o ama, quer mesmo é ter um filho que dê sentido à sua existência. Informada pela sogra de que há uma tara na família do marido, aborta uma criança a conselho desta e decide ser mãe e torná-lo pai por outros métodos. Relata o assunto a Ned e ambos concordam em dar um filho sadio a Sam. No início é só um acordo, mas acabam apaixonando-se e decidem pelo triângulo, que o marido ignora até morrer. Suspeitam que Gordon, o filho, saiba, pelo menos inconscientemente, quem é seu pai biológico. Quando Sam morre, decidem falar com o garoto. Este diz saber que ambos se amam há muito tempo mas que tem certeza de que nunca houve nada mais sério entre eles, o que o leva a dedicar-lhes enorme respeito. Diante disso, calam-se todos. Nina fica só, porque o filho cresceu e o amor de Ned decresceu. Então casa-se com Marsden.

É um enredo e uma família cuja harmonia está fundada em meias verdades: Nina é vista como esposa fiel por Sam e se comporta como tal diante dele e do filho. Ned é o melhor amigo de Sam e assim se comporta diante dele. Entre Nina e Ned há uma paixão vivida intensamente que só é conhecida deles e adivinhada por Marsden. Durante sua meia idade ela teve os três homens de que necessitava, o pai substituto, o companheiro em família, o amante. Quando envelhece, junta-se com o pai que sempre cuidou dela. Não há opção, não há hierarquia. Sua integração ao meio e a do meio aos padrões considerados normais se faz por meias verdades e por ela aceitar e viver a justaposição de imagens que se tem dela. Sua autenticidade advém da não opção, da fragmentação.

Com relação a Ajax e Hedda é possível discordar de nossa análise, considerando-se que ambos se suicidam: Ajax declara pensar em matar-se logo que acorda da alucinação e Hedda vive brincando com as pistolas herdadas do avô. Essa postura faria com que ambos tivessem, como traço dominante, o fato de serem suicidas. É uma leitura que nos parece empobrecedora em relação às obras e que não leva em conta que, tanto Ibsen quanto Sófocles, dois mestres da peça perfeita e bem acabada, dificilmente deixariam um texto sem desfecho claro ou mesmo com um final que pudesse parecer gratuito dramaturgicamente. Daí a sugestão das pistolas e a ideia do suicídio durante os enredos, exatamente para manterem suas personagens incoerentes, sem que a história ficasse incompleta. Elas são incoerentes, seus desenhos seriam fragmentados não fosse a solução final no caso de Ajax e, no de Hedda, o suicídio que a caracteriza definitivamente como conflitada mas convencional. São dois textos limítrofes que contrapusemos a outros dois mais atuais, exatamente para mostrar que os heróis divididos que não se definem estão a um passo muito pequeno das personagens fragmentadas por justaposição de traços.

Como Nina e Horácio, também se fragmentam, por justaposição de traços, o arquiteto e o imperador (*O Arquiteto e o Imperador da Assíria*, de Fernando Arrabal). Eles são os dois únicos habitantes de uma ilha. O arquiteto sempre viveu lá, o imperador é um náufrago. Eles estabelecem vários tipos de relacionamentos em que se detecta colaboração, ensinamentos, dominação, fascínio e ódio. No final, o imperador parece ter sido devorado pelo arquiteto, mas não se sabe quem devorou quem. O que se vê é um homem que introjetou todos os conflitos que se apresentavam de modo objetivo no início da peça e uma personagem, meio arquiteto, meio imperador, bifacetada, urbana e primitiva simultaneamente, mesmo estando numa ilha inteiramente deserta.

Segismundo (*A Vida é Sonho*, de Calderón de la Barca) é meio homem, meio fera. Tendo vivido acorrentado dentro de uma torre, só se relacionava com Clotaldo que o alimenta e ensina. Até que é submetido a uma outra experiência: levam-no para dentro da corte e informam-no de que é o príncipe herdeiro, após banhos e vestimentas. Seu discurso é poético e deslumbrado, mas porta-se como um selvagem (atira um guarda pela janela, quer matar Clotaldo, quer possuir todas as damas que encontra). Diante disso, dopam-no e o devolvem ao cárcere, dizendo que foi um sonho. Aclamado rei, não sabe se é sonho ou realidade. Como gostou de ficar fora da torre, seja ou não sonho decide pôr em prática seu ideal de rei.

Segismundo é uma composição ao mesmo tempo grotesca e sublime e assim permanece do começo ao fim. Embora seja agente de algumas ações, não é das mais importantes. É seu pai quem o cria acorrentado, o manda soltar e prender novamente. É aclamado rei pelos rebeldes e guiado por seus sonhos. Está longe de ser um herói. É uma vítima durante o infortúnio e depois é bafejado pela fortuna, não por vontade própria, porém movido pelas circunstâncias e pela vontade alheia.

Calderón o pinta como figura típica e modelar:

> Grande razão terá dito vossa justiça e rigor, pois o delito maior do homem é ter nascido (cena II, ato 1). [...] Aprendamos, pois vivemos em mundo tão singular que o viver é só sonhar... Que é a vida? Um frenesi. Que é a vida? Uma ilusão, uma sombra, uma ficção e o maior bem pouco é, pois que a vida sonho é, e os sonhos, são sonhos (cena XIX, ato 2).

Calderón concebeu Segismundo de modo bifacetado. Concomitantemente animal (sensual, autocentrado, imediatista) e sonhador (simbólico, amante do belo, da ordem, da glória). Ademais é irrelevante se consideramos o texto como ficção razoavelmente verossímil ou como integralmente sonho da personagem, de vez que a vida é simplesmente uma passagem efêmera para esse escritor barroco e cristão.

Como representação de indivíduo, Segismundo é extremamente atual. Ele é movido pelos instintos e sonhos que projeta no mundo. São essas forças que governam sua atuação frente às circunstâncias e não ele quem as vê e determina. Da interação entre eu e não eu, aprende algo, porque é capaz de refletir: do fracasso de seu primeiro contato com a corte intui que é preciso "reprimir esta condição de fera, a fúria, a ambição" (cena XIX, ato 2) e, posteriormente, descobre uma forma de escoamento para as emoções, ou, usando a terminologia de Freud, sublima seus instintos casando-se, sendo "uma fera no comando dos exércitos" (cena IX, ato 3) e um ser sublime como soberano na paz.

É óbvio que Calderón nunca leu Freud a quem antecede em três séculos. O que preocupava o dramaturgo espanhol provavelmente era a questão do espírito e do corpo e de como conciliar os imperativos de ambos e uma vida cristã, mas, nessa busca, parece que ele chegou a soluções extremamente próximas às da psicologia moderna.

Apesar de Segismundo ser uma criatura rica e polêmica, ele é traçado de modo sumário: meio fera, meio homem, passa de prisioneiro a rei por razões circunstanciais, é movido por seus instintos e sonhos. É típico por se tratar de modelo geral para a humanidade, mesmo sendo fragmentado.

Entre as personagens fragmentadas por haver contradição na sua constituição e no que se diz a seu respeito e por se manter essa contradição insolúvel, citaremos, em primeiro lugar, algumas criações de Strindberg.

Laura e D. Astolfo, em *O Pai*, são casados. Ele considera que durante o casamento não teve vontade própria, confiou na mulher que é uma ignorante, deu péssima educação à filha e só está interessada em viver confortavelmente. Além desse projeto paternal e dessa incompatibilidade conjugal, Astolfo é um militar pesquisador que pretende realizar uma descoberta científica que está sendo tentada algures. Laura quer viver com o conforto a que está acostumada e gerir a educação da filha, alegando que ela é a mãe. Mas sabendo que o marido quer lhe tirar as duas coisas, vai lutar para defender-se. Ambos são incapazes de se entender, cada um preso às suas próprias impressões, desconfianças e subjetividades. Laura intercepta as cartas de Astolfo para evitar que ele esbanje dinheiro, sem perceber que com isso o está impedindo de realizar seu projeto científico-profissional. Ele, por sua vez, intercepta as dela, para controlá-la, e descobre seus planos de classificá-lo como louco. Segundo ele, a mulher intercepta as cartas dele para impedi-lo de obter sucesso, ressaltando sua insignificância.

O conflito que se segue é convencional: a esposa luta para conservar a filha e consegue enlouquecer o marido, fazendo-o saber que ele não é o pai. Destrói a paternidade e a carreira do marido.

Nessa radiografia de um casamento em dissolução, Strindberg mostra a parcialidade de visão que cada um tem do outro e de si mesmo, em uma situação de desconfiança em que o diálogo e qualquer tipo de acomodação tornaram-se impossíveis.

Luigi Pirandello apresenta a mesma visão de indivíduo numa situação em que é difícil, mas possível, acomodar as coisas, porque todos os principais envolvidos conformam-se com a condição precária de sua existência como seres humanos e não andam atrás de verdades absolutas. É o que sucede com a sra. Frola, o sr. Ponza e a sra. Ponza em *Assim É se lhe Parece*.

Causa espécie na cidade o fato de o sr. Ponza, secretário da prefeitura, manter a mulher trancada em casa e a sogra num apartamento, sendo que ambas só se veem de longe e conversam através de bilhetinhos colocados num cesto. Os três são submetidos a interrogatórios e apura-se que, para o sr. Ponza, a sra. Ponza chama-se Júlia e é sua segunda mulher. A primeira, Nina, faleceu, o que levou a sra. Frola, sua sogra, à loucura. De maneira que Júlia finge ser Nina para que a sogra se mantenha feliz, acreditando que sua filha não morreu. Por precaução, o sr. Ponza vetava as duas de se encontrarem, pois se a sra. Frola descobrisse que Júlia não é Nina, iria enlouquecer novamente.

Já para a sra. Frola, o sr. Ponza era casado com a filha, mas esta ficou muito doente e teve que se afastar. Como o sr. Ponza a amava muito, desesperou-se, ficou meio enlouquecido julgando que ela havia morrido. Quando Nina volta do tratamento ele não a reconhece, de maneira que ambas resolvem dizer que ela é outra pessoa (Júlia) e celebrar um segundo casamento. Assim, o sr. Ponza não poderia descobrir que Júlia é Nina, porque isso o desequilibraria.

Para a sra. Ponza ela é a filha da sra. Frola e a segunda mulher do sr. Ponza e, para si própria, ninguém. Ela declara na última cena: "Para mim mesma, sou aquela que querem que eu seja".

A peça apresenta uma história exótica a fim de mostrar que é impossível apurar a verdade, pois ela não existe univocamente, tem muitas faces, e que o único modo de convivência suportável se dá respeitando a verdade de cada um, pois ao mesmo tempo ninguém tem razão e todos estão certos.

A fragmentação por inadequação entre a figura e a situação dramática pode aparecer de três maneiras:

A primeira, quando a personagem age como se ignorasse ou não tivesse consciência da situação dramática, o que redunda em negação da situação.

A segunda, quando a situação dramática é desumana e nega à personagem a condição de parecer totalmente humana.

A terceira, apresenta essas duas formas de construção em coexistência.

São constatações paralelas às de Anatol Rosenfeld com referência ao romance:

> Mas a perspectiva unilateral, ligada a um estilo seco e impessoal, isento de quaisquer explicações causais, torna as personagens estranhas e impenetráveis, num mundo igualmente estranho e indevassável. Neste mundo, os seres humanos tendem a tornar-se objetos sem alma entre objetos sem alma, entes "estrangeiros", solitários, sem comunicação.
> É precisamente *O Estrangeiro* que se chama o melhor romance de Camus. Esta obra, curiosamente, é narrada na forma do Eu, mas com a técnica behaviorista.
> É um Eu que nada tem a narrar sobre a sua vida íntima porque não a tem ou não a conhece – é um "falso eu", como foi chamado. Não tem dimensão interior, vive planando na superfície das sensações.[16]

Rosenfeld continua:

> Notamos nesta obra de Camus algo da óptica "surrealista" de Kafka, com suas "personagens em projeto" que nem nome têm e que vivem no tempo paralisado da espera (como as personagens da peça *Esperando Godot*, de Beckett): perspectiva falsa e exagerada dos surrealistas que corresponde com precisão a este mito da frustração e da impossibilidade de reencontrar a unidade perdida: o pecado é a própria individuação. [...]
> [...] Ainda o mesmo ocorre nas obras, cujo tema é a simultaneidade da vida coletiva de uma casa ou cidade ou de um amplo espaço geográfico num segmento de tempo. [...] A técnica simultânea joga com grandes espaços coletivos. Elimina, quase sempre, o centro pessoal ou a enfocação coerente e sucessiva de uma personagem central. Os indivíduos – quase totalmente desindividualizados – são lançados no turbilhão de uma montagem caótica de monólogos interiores, notícias de jornal, estatísticas, cartazes de propaganda, informações políticas e meteorológicas, itinerários de bonde – montagem que reproduz, à maneira de rapidíssimos cortes cinematográficos, o redemoinho da vida metropolitana[17].

Para esse teórico:

---

16 A. Rosenfeld, op. cit., p. 94.
17 Idem, p. 95.

O indivíduo dissolve-se na polifonia de vastos afrescos que tendem a abandonar por inteiro a ilusão óptica da perspectiva, já em si destruída pela simultaneidade dos acontecimentos, a qual substitui a cronologia. [...]
[...] Curiosamente, em todos os três casos os resultados se assemelham: no primeiro, o indivíduo desfaz o mundo e deixa de ser pessoa íntegra, pois esta só se define no mundo destacando-se dele; no segundo caso, o mundo desfaz o indivíduo que, também nesta enfocação, deixa de ser pessoa íntegra. E no último caso, abre-se um abismo entre indivíduo e mundo e, ainda nesta óptica, a pessoa perde a sua integridade[18].

Da primeira construção – quando o ser ficcional está alheio à situação dramática, ou quando o indivíduo desfaz o mundo – os exemplos mais flagrantes se encontram nas dramaturgias de Tchékhov e Beckett, cujas semelhanças são minuciosamente levantadas por Richard Gilman, em *The Making of the Modern Drama*.

Tio Vânia, da peça homônima de Tchékhov, vive de modo absolutamente trivial, sem emoções nem novidades, administrando a fazenda da família. Até que Serebiakov (seu pai) chega com Elena, sua bela e jovem mulher. Essa chegada desperta a paixão de Vânia por Elena e um ócio geral, o que são duas transformações, porque até então ele só trabalhava para viver e vivia para trabalhar. Mais ainda, a chegada representa um corte importante na vida dele, porque o faz tomar consciência de ter passado o tempo inteiro mandando dinheiro para o pai – a quem julgava um intelectual de valor, mas que é, na verdade, um professor aposentado sem maior expressão – e este dinheiro apenas contribuía para manter o ócio do casal. Frente a esse problema, Vânia reage como uma personagem íntegra, expulsando os dois e dizendo que não mais lhes mandará um tostão e ainda acusando Serebiakov de ter arruinado sua vida. Depois, porém, volta atrás.

O casal sai e tudo fica exatamente como antes. Como se Vânia nunca houvesse sentido uma paixão, nem houvesse percebido que existem outras formas de vida diferentes da sua. Um

---

18 Idem, p. 95-96.

comportamento que nega totalmente a influência da situação vivida sobre Vânia.

Essa leitura que estamos propondo da peça pode ser acrescida com o fato de que Vânia é uma vítima do pai e da situação de explorado, o que inegavelmente é, e que teria introjetado de tal maneira esse papel que não consegue sair dele. É uma posição que o torna fragmentado simultaneamente porque rejeita a situação e porque seu condicionamento como vítima o impede de agir (ou seja, uma situação que desfaz o indivíduo e, ao mesmo tempo, este a desfaz).

Essa interpretação pode ser contestada. Pois Vânia quase foi capaz de solucionar o assunto com o pai e todas as circunstâncias exteriores lhe possibilitam tomar outro tipo de atitude. Ele é o administrador da fazenda, pode não mais mandar dinheiro para ninguém, objetivamente está livre para resolver seu próprio destino.

É diferente de Ranevskaia, que, como ele, poderia reagir de modo mais razoável frente às mudanças econômicas e sociais que estavam acontecendo ao seu redor, em que trabalho e dinheiro valem mais do que tradição (*O Jardim das Cerejeiras*, de Tchékhov). Ela age como se nada estivesse acontecendo, mas não tem a mínima condição de estancar o processo de mudanças que envolvem toda a sociedade. Razão pela qual ambos, segundo nos parece, negam a situação dramática, mas Ranevskaia é mais vítima do que Vânia, objetivamente.

Winie (*Dias Felizes*, de Beckett), enterrada até a cintura, de colar, usa sombrinha, maquila-se, escova os dentes. Seu marido Willie, de chapéu, deitado atrás de um monte (aparentemente poderia mexer-se). Ela entretida com seus adereços triviais e memórias que já se encontram meio apagadas, ele com um jornal. Ele passa uma foto para Winie e ela a acha escandalosa.

Segundo ato, Winie está enterrada até o pescoço. Willie, mudo. Só resta a ela tagarelar. Um retrato de um casamento? De qualquer casamento? Da inutilidade da vida e da ação? É possível projetar inúmeras leituras, pois a obra permite isso por ser absolutamente esquemática. Mas independentemente da interpretação que se adotar, trata-se de personagens que negam a situação dramática. Winie está enterrada até a cintura e depois até o pescoço, mas não se move, não tenta sair, não grita por socorro. Willie, na posição em que se encontra, pode mover-se, pode vê-la, poderia tentar socorrer, mas não se mexe, nem por ela e nem por ele mesmo. Ambos são fragmentados, esquemáticos e atípicos.

A fragmentação, quando a situação dramática nega à personagem a condição de parecer totalmente humana, tem como exemplo mais patente Berenguer (*O Rinoceronte*, de Ionesco). Ele vive numa pequena cidade de uma província na França. De repente aparece um rinoceronte, todos fogem e tentam se livrar do animal. Aos poucos vão aparecendo mais rinocerontes e percebe-se que são as próprias pessoas que estão se transformando em rinocerontes. A situação vai se ampliando até restarem somente Dayse e Berenguer. Eles vivem uma espécie de casamento e juram um ao outro que vão conservar a lucidez e permanecer juntos, mas em seguida vão se desentendendo até que Dayse vai embora. O único homem que sobra é Berenguer. Ele começa a se fragmentar, duvida de que ter continuado humano tenha sido a melhor opção, mas agora vai lutar, pega uma arma para tentar permanecer como homem.

Se interpretarmos que Berenguer conseguirá manter-se como o único homem numa cidade de rinocerontes, certamente o consideraremos uma personagem íntegra. A leitura é possível, pois não há rubrica. Mas se ao invés, como nos parece muito mais razoável, acharmos que suas primeiras dúvidas quanto aos valores do humano são indícios de que, como os demais cidadãos, ele também está começando a transformar-se em rinoceronte, o consideraremos fragmentado, o que daria peso muito maior, a nosso ver, às intenções do autor, quer sejam contrárias ao autoritarismo, quer critiquem o irracionalismo.

Outro exemplo de situação que impede o indivíduo de ser totalmente humano encontra-se em *O Grande e o Pequeno*, de Botho Strauss. Lott, uma mulher descasada, passa a peça toda procurando um relacionamento afetivo. Não só um companheiro, mas também uma amiga. Na primeira metade da obra ela consegue se aproximar de várias pessoas que estão totalmente imersas em seus cotidianos, como que mecanizadas e, embora lhe respondam, demonstram total desinteresse por ela como pessoa. Na segunda metade, Lott está restrita aos grandes inventos da sociedade industrial. Só consegue contatar as pessoas através de porteiros eletrônicos e telefones. Restam-lhe os marginais da rua que também não estão interessados em ninguém. Lott vai se desmoronando aos poucos, até se internar num hospício, já totalmente alienada.

O texto é evidentemente uma crítica aguda à frieza e mecanização das metrópoles do século XX, que tornam impossível a sobrevivência do homem como ser humano, e não uma máquina.

O mais discutido exemplo de personagem fragmentada é Woyzeck, de Büchner. Sua fragmentação é dupla: o contexto nega a ele a possibilidade de ser personagem íntegra e ele nega a situação dramática.

Woyzeck é um soldado que mora com uma ex-prostituta, que tem um filho. Tudo o que ganha mal dá para sustentar a família de modo paupérrimo. Presta-se a vários tipos de trabalho, a fim de ganhar mais alguma renda – é barbeiro, serve de cobaia a um médico do exército, que, para levar a cabo sua experiência, o faz comer apenas ervilhas. Trabalha o tempo todo nesse tipo de atividade subalterna e aguenta toda a espécie de humilhação sem ao menos se dar conta do fato. Nas poucas horas vagas que lhe restam, conversa com um amigo. Sofre alucinações – a natureza, os objetos lhe dizem coisas. Marie, sua mulher, apaixona-se por um homem mais forte, alegre e sedutor do que seu exausto e franzino Woyzeck. O texto deixa antever que ela e Woyzeck não têm relações há bom tempo, como, por exemplo, na cena em que ele tenta agradá-la, quando vê o brinco que ela ganhou do outro. Mesmo com todas essas evidências, Woyzeck ainda não percebe a traição. É o médico que lhe conta, para estudar como se comportam suas pulsações com a ervilha e o problema emocional. Woyzeck tenta reagir, mas não consegue. O Tambor-mor é muito mais forte do que ele. Então sai, pega uma faca, leva Maria para perto de um lago e a mata a facadas. Em seguida, não entende seu ato. Vai para a cidade meio ensanguentado e então percebe o que fez. Volta para o lago com a intenção de apagar as evidências, mas já está em delírio.

Woyzeck vive numa condição social sub-humana, introjeta essa situação e não estranha quando é tratado como um animal. Ele é totalmente fragmentado, não age e não tem vontade, exceto quando percebe que Maria o trai. Mesmo assim faltam-lhe forças para vingar-se do rival e, quando mata Maria, nega inteiramente o ato. Condicionado social e economicamente, ele é um ser que a opressão reduziu a autômato, porém sua natureza não suporta essa condição, como fica claro em suas alucinações. Esse é o exemplo mais perfeito de alienação. A situação econômica e social em que está colocado (e também biológica, pois só come ervilhas) o levam a ser e agir como se espera dele: um quase homem. Sua alienação psíquica se agudiza e chega ao ápice depois que ele mata Maria. Woyzeck é fruto de um meio que lhe impede de ser totalmente humano e torna-se um autômato sem reação à situação em que está colocado.

EM CONTEXTO INTEGRADO

A personagem fragmentada em contexto integrado nas comédias é, em geral, o elemento causador dos transtornos do microcosmo da peça. Os tipos cômicos acabam sendo extremamente ridicularizados exatamente por estarem em desacordo com os valores vigentes para os demais circunstantes, valores esses que permanecem sem questionamento e são reafirmados, na medida em que os transgressores perdem no micro e no macrocosmo dos textos.

O sr. Jourdain (*O Burguês Fidalgo*, de Molière) é caracterizado como novo rico que aspira tornar-se nobre, a despeito de ser filho de comerciante. Contrata professores de música, dança e filosofia, além de um alfaiate. Seu desejo é obsessivo, convertendo-o num autômato incapaz de perceber o papel de ridículo que desempenha, tampouco se dá conta da dívida crescente e assustadora que o conde Durante tem com ele e não repara na exploração que vem sofrendo de seus mestres. Sua alienação chega ao ápice no quarto ato, em que Cleonte, pretendente de Lucille (filha do burguês fidalgo), após ter sido preterido por ser plebeu, arma uma farsa juntamente com o criado Covielle e apresenta-se como grão-turco e transforma Jourdain em nobre turco, Mama muchi, obtendo sua licença para casar com Lucille. A situação é agravada porque Lucille reconhece Cleonte sob o disfarce assim que olha para ele, mas, até o final da peça, o pai não percebe que se trata do pretendente rejeitado.

Como Jourdain, há inúmeros tipos cômicos que se encaixam perfeitamente nessa classificação de personagem fragmentada em contexto integrado. Por exemplo, em parte do legado de Aristófanes (Filoclião, de *As Vespas*), em *O Misantropo*, de Menandro, na obra de Plauto (Euclião, de *Aululária*) e nas comédias de costumes, mesmo contemporâneas, que povoam o teatro comercial.

Segismundo também habita um microcosmo integrado onde ele cabe com suas contradições. É uma integração relativa, pois depende do indivíduo conseguir se adaptar ao meio, mas perfeitamente atingível. Nesse ponto, *A Vida é Sonho* é uma peça típica do cristianismo, uma vez que acredita na salvação individual.

Não é o que costuma ocorrer com a grande maioria das personagens fragmentadas que habitam contexto integrado. Esse tipo de construção, em obras tragicômicas de cunho dramático, propõe uma relativização do contexto, exatamente por estar ele estruturado de modo a não comportar criaturas e situações como as apresentadas, ou seja, por estar sedimentado com normas excessivamente rígidas e inadequadas.

Em *Assim É se lhe Parece*, Pirandello sugere que a cidade abra seu conceito de verdade para aceitar verdades relativas e não absolutas, a exemplo do sr. e sra. Ponza e da sra. Frola, que conseguem viver harmonicamente com suas meias verdades.

Exatamente porque a personagem fragmentada em contexto integrado se opõe à rigidez do meio compacto, nada impede que o receptor assuma o ponto de vista da maioria e a veja como um tipo cômico. A família Ponza, por exemplo, pode ser tida como doente mental.

Em *Estranho Interlúdio*, O'Neill mostra que Sam, Nina e Ned vivem de modo harmônico, criam um garoto saudável e normal, apesar de se portarem segundo normas pouco ortodoxas em matéria de família. Tanto poderemos encará-los como personagens que fizeram uma opção razoável e adotarmos uma moral relativista, como, numa leitura mais convencional, poderemos simplesmente tachá-los de amorais e mantermos padrões mais rígidos.

Laura e Astolfo (*O Pai*, de Strindberg) se movem em contexto integrado, se considerarmos que seu relacionamento traduz apenas um casamento em dissolução. Mas se acharmos que esse é o caminho inevitável de todo o casamento, o contexto será desintegrado e desintegrador.

A senhorita Júlia, personagem da peça homônima escrita por Strindberg, recusou-se a acompanhar o pai à festa de São João da família para permanecer em casa onde a festa é celebrada pelos empregados. Começa dançando, acaba seduzindo e tendo relações com João, o criado da casa. São muitas as motivações que a levam a agir dessa forma: a música, o vinho, o fato de ter rompido o noivado recentemente, mas o que verdadeiramente a fragmenta é sua condição marginal em relação à sua classe social – o pai conde, a mãe plebeia. No início, quem cuidava da educação da protagonista era a mãe, segundo os princípios de igualdade e emancipação feminina, até que o pai resolveu tomar conta de sua formação, incutindo-lhe orgulho e boas maneiras. Da mãe, ela herdou a paixão e o sentimento de que todos são iguais, do pai, o orgulho da superioridade de classe. Carrega esse conflito o tempo todo, inclusive quando sai de casa no final.

Tanto poderia continuar com a ligação e mantê-la às escondidas, como simplesmente fazer com que o criado fosse demitido sob qualquer alegação. Também não se sabe se o episódio serviu de alavanca para ela libertar-se do pai e ir morar só. E, como a peça oferece uma estrutura aberta, sua classificação poderá variar bastante conforme a leitura: se adotarmos o ponto de vista de Cristina, a cozinheira que namora João, a hierarquia social é um valor e deve ser respeitado, cada um deve conhecer o seu devido lugar, e assim o contexto nos parecerá integrado e Júlia e João fragmentados, próximos ao tipo cômico.

Se, por outro lado, julgarmos que a divisão de classes é absurda, veremos um drama com duas personagens que propõem uma mudança na rigidez do contexto integrado, leitura que se acentuará se julgarmos sua saída como um suicídio.

Se interpretarmos que Júlia, ao sair da casa do pai, está se libertando de seus grilhões familiares e amadurecendo para uma nova vida, ela passaria a ser, a seu próprio modo, uma pequena heroína cotidiana.

Estamos adotando a leitura de que as duas personagens são fragmentadas e propõem uma abertura na mentalidade do contexto, porque nos parece que o ponto de vista de Cristina é extremamente conservador e o da libertação um pouco avançado demais para a época, fim do século XIX. Porém todas as interpretações se sustentam e, se são aceitáveis no século XX, também poderiam ser pertinentes no XIX, quando o feminismo e outros pensamentos já estavam na ordem do dia e começavam a ser praticados, pelo menos em alguns estratos sociais, a despeito do decantado antifeminismo de Strindberg.

O Filho do Milionário (*Gás*, de George Kaiser), quando sua fábrica explode devido a uma fórmula, cientificamente boa mas com falha indetectável, resolve transformá-la em fazenda. O engenheiro e os funcionários se opõem. O governo, porque há necessidade mundial de gás, acaba impondo ao Filho a reconstrução da fábrica. Ele é um capitalista que desistiu de o ser, mas não completamente, pois quer determinar o uso a ser feito de sua propriedade. O sistema sustenta tal prática mas até certo ponto. Se considerarmos que a peça prega, e com razão, uma sociedade mais humana e menos industrial, ele seria um pequeno herói do cotidiano, se a sociedade não negasse esse seu direito. Então teríamos uma personagem íntegra em contexto desintegrado e desintegrador. Se adotarmos o prisma de seus antagonistas, ele é quixotesco e bizarro, qual um tipo cômico responsável pela confusão momentânea. Como nos parece tratar-se de um texto tragicômico, adotamos a primeira leitura, que busca denunciar a rigidez de uma sociedade exclusivamente voltada para a produção, sem ter como valor primordial a qualidade da vida de seus habitantes.

Estamos recorrendo a um critério semelhante para a classificação das figuras que denominamos personagens impotentes. Embora apareçam principalmente durante o romantismo, existem também em criações mais contemporâneas. Esse critério é bastante questionável porque não leva em conta a época em que alguns desses textos foram escritos. Segundo a visão romântica e sua crença no individualismo, tais criaturas seriam íntegras – pois têm um traço dominante – em contexto desintegrado. Mas como não se restringem ao século XIX, decidimos encará-las sob um ângulo crítico e considerá-las fragmentadas em contexto integrado por normas rígidas demais para comportarem o lado humano que representam. Essas personagens defendem individualmente valores que são rejeitados pelo meio, são pintadas de modo simpático, mas nada disso impede que o receptor note a enorme defasagem presente entre elas e a situação em que se acham, negada por elas em favor de outra idealizada e inexistente.

Por exemplo, Egmont, da peça homônima de Goethe, é um dos concorrentes ao poder, juntamente com a regente e o duque de Orange. Egmont tem o povo a seu lado, o duque tem a astúcia e a regente está no cargo. O duque tenta levá-lo a um acordo para enfrentarem a rival, mas ele se nega por desaprovar seus métodos. Em seguida, também se recusa a fazer acordo com a regente.

Alegando desordem no país, o rei manda o duque de Alba intervir com mão de ferro. Nessa altura Egmont discute porque tiraram a regente que seria a melhor opção. Após algumas peripécias, ele enfrenta Alba e é morto. Egmont sempre foi coerente com seus princípios, defende a Alemanha e o protestantismo contra a Espanha e o catolicismo. Perde no microcosmo por falta de realismo político. Será herói para uns, visionário para outros. Ficamos no meio termo: ele tem valores defensáveis mas não consegue avaliar a situação dramática e se fragmenta quando se transforma em mártir em vez de lutar de modo mais razoável. Nem tipo cômico, nem herói, fragmentado em contexto integrado por valores onde sobra pouco espaço para alguém intransigentemente puro.

Dr. Thomas Stockmann, em *O Inimigo do Povo*, de Ibsen, é um sanitarista que descobre que o balneário da cidade, construído durante a prefeitura sob gestão de seu irmão Peter Stockmann, está contaminado. Acontece que o balneário atrairá turistas e, com eles, lucro e desenvolvimento local. Thomas tenta divulgar os riscos de saúde, mas acaba sendo isolado pelos proprietários e por Peter, que manipulam, para tanto, a imprensa e a opinião pública. Ele não cede, não compõe, não recua, não adia. E, embora sem qualquer possibilidade objetiva de êxito, propõe-se a continuar a luta, agora não só para higienizar as águas, mas a sociedade.

Dr. Stockman é uma personagem íntegra e assim permanece para quem não o considerar quixotesco, a partir do minuto em que perdeu a guerra e não se deu conta do fato. Para outros, ele perde e se aliena, passando a agir como um visionário que nega a situação real. É portanto fragmentado em contexto integrado por valores excessivamente rígidos que priorizam a riqueza sobre a saúde, ao invés de levar ambos os fatores em igual conta.

Leo (*Às Margens da Ipiranga*, de Fauzi Arap) é um ator que luta para fazer teatro sem recursos, como o Arena dos velhos tempos. Não consegue porque só encontra pessoas preocupadas com a vida pessoal e a cidade não é mais a mesma. "A zona do meretrício espalhou-se por todos os bairros".

Se acharmos que ele tem razão, ele será íntegro em contexto desintegrado. Se aderirmos ao ponto de vista dos demais circunstantes, porque a crise econômica ampliou sensivelmente o problema da sobrevivência, seria um idealista cego para a situação dramática real (fragmentado em contexto integrado). Se pensarmos que ambos estão certos, Leo se fragmenta, porque o contexto comprimido por crise muito grave não dá margens para que o teatro se desenvolva (fragmentado em contexto integrado por valores excessivamente rígidos).

Zé do Burro (de *O Pagador de Promessas*, de Dias Gomes) quer depor uma cruz na Igreja a fim de cumprir promessa feita num terreiro de candomblé. Não consegue. Após sua morte, a população coloca a cruz na igreja. Um herói íntegro no ponto de vista de parte da população, quixotesco segundo a outra parte e a Igreja. De todo o modo, ele ignora totalmente a situação em que se encontra. Mesmo sendo do campo e não da cidade, sua falta de percepção é quase alienada e para ele o conflito entre os cultos do candombé e cristão não se justifica.

Zé do Burro pode ser visto como íntegro rural, vítima da situação urbana, ou como um tipo cômico, casos em que seria íntegro em contexto desintegrado ou fragmentado em contexto integrado. Estamos classificando-o nesta última rubrica porque o julgamos fragmentado em contexto integrado por valores urbanos demasiadamente rígidos, onde não cabe qualquer consideração por indivíduos ingênuos.

EM CONTEXTO DESINTEGRADO

Nessa classificação entram todas as personagens que se fragmentam para subsistir dentro de um contexto desintegrado e desintegrador, quer devido à estrutura de classes sociais, quer devido à mecanização do mundo moderno e à consequente mecanização do homem moderno, quer por incompatibilidade entre personagem e situação, desde que elas sejam lidas como tragicômicas e não como tipos cômicos movendo-se em comédias de costumes.

É o caso dos já citados Woyzeck (Büchner), Lott (Botho Strauss), Berenguer (Ionesco), Winie (Beckett) e Vânia (Tchékhov).

Chen-Te, em *A Alma Boa de Setsuan*, de Brecht, encontra três deuses de quem recebe dinheiro com o qual monta uma pequena tabacaria, sob a condição de ser sempre uma alma boa. Ela dá abrigo e alimento para os pobres e rapidamente se torna a pessoa mais estimada da cidade. Quando se dá conta de que se continuar dessa forma irá à bancarrota, chama seu primo Chui-Ta. Ele expulsa todos da loja e organiza as finanças para então voltar com sua bondade. Não fosse Chui-Ta, Chen-Te teria perdido a loja e, também por ser casada com um caça-dotes a quem amava, estaria na pior miséria. Dá-se que Chen-Te e Chui-Ta são a mesma pessoa, pois é o único modo de se sobreviver numa sociedade movida pelo dinheiro, com tanta miséria. Sendo ao mesmo tempo boa e ruim, generosa e egoísta, altruísta e cruel, Chen-Te/ Chui-Ta é uma personagem fragmentada em consequência da desintegração do microcosmo onde ela se move.

Como Chen-Te, numa linha ainda menos realista, o velho e a velha Samamires (*As Cadeiras*, de Ionesco) se fragmentam porque é a única forma de reação que puderam ter frente ao microcosmo em que estão inseridos.

Eles vivem juntos, sentem-se sós, isolados do mundo que os ignora totalmente, no mais completo anonimato e sem quaisquer perspectivas de mudanças. Então fantasiam uma recepção em que o velho fará seu grande pronunciamento que salvará a humanidade, um legado que lhe garantirá a posteridade. Começa a chegar um número crescente de convidados imaginários, para os quais vão sendo colocadas cadeiras, até que a sala fica repleta. Entre os convivas, há gente importantíssima, incluso o rei. Todos esperam a revelação a ser feita por um orador que é o último a chegar. Na rubrica, o autor declara que o orador deve parecer mais irreal do que os velhos e as cadeiras. Depois de receberem o convidado principal, os dois anfitriões, satisfeitos, atiram-se pela janela. O orador balbucia palavras, mas nada tem a dizer.

O velho e a velha conhecem seu drama e permanecem imóveis porque não adianta agir. Fantasiam uma forma gloriosa para a única saída que vislumbram, o suicídio. Negam a situação real enquanto providenciam os preparativos, porém se matam pelos motivos reais. O jogo que eles desenvolvem consigo próprios, um jogo ficcional e teatral, é exibido a nu para os espectadores e o que acaba sendo verdadeiramente apresentado são cadeiras vazias. Vazias de sonhos, ações, discursos, soluções, como a convidar a plateia a subir ao palco, ou a dizer-lhe que tanto as cadeiras de cena quanto as da plateia estão vazias, falta-lhes a mesma coisa, ação, sonho, possibilidade de alterações. Um contexto desintegrado ao máximo porque inexistente, de uma inexistência que o imaginário preenche porque o indivíduo não a suporta.

Julie e Madame Carvan (*O Defunto*, de René Obaldia) se distinguem por características exteriores, inclusive pelo traje. A sra. Carvan é formal e pudica, enquanto Julie é romântica e coquete. O diálogo entre elas evidencia que esses traços são falsos, na medida em que o romantismo de Julie tem como alvo o mais antirromântico dos homens, estuprador, assassino etc. O puritanismo da segunda também é negado, uma vez que ela foi amante do marido da amiga. Posteriormente, a própria peça também se desfaz, quando uma elogia o desempenho da outra e as duas marcam novo encontro para o dia seguinte, mesmo local e hora. Personagens e enredo se insinuam e se destroem e o que de fato se apresenta ao espectador é o nada, mostrado com muito humor.

As personagens são fragmentadas e o contexto é mais do que desintegrado, é inexistente em termos da própria ficção, por ser uma peça dentro de outra e por ambas não chegarem a concretizar-se inteiramente. O sentido do metateatro aqui empregado é mostrar a inutilidade do gesto teatral ou, se preferirmos, de qualquer gesto e apresentar a possibilidade do jogo pelo jogo, vazio de toda lógica.

A personagem de *Hamletmaschine* (Hamlet-Máquina), de Heiner Müller, não tem nome. É uma máquina pensante, como Hamlet, na sua tentativa de encontrar uma identidade. Ela é

Hamlet, Ofélia, um ator, um escritor, uma testemunha de revoluções, Electra. Todos esses papéis e essa consciência histórico-cultural são insuficientes para auxiliá-la em sua busca. Não se trata apenas de um eu individual incapaz de encontrar escoamento nas funções sociais, mas de um eu composto de fragmentos contraditórios, um eu perdido, diluído, inacessível.

A nosso ver, de uma forma bastante aberta e esquemática, o autor mostra um indivíduo que introjetou o mundo pós bomba atômica, mecanizado de modo irracional, uma máquina monstruosa contra a qual é inútil mover-se, em que o humano transformou-se numa máscara que não mais adere ao rosto.

A personagem é irremediavelmente fragmentada e atípica. O microcosmo onde se move é um fabricante de máquinas como ela.

Garcin, Stelle e Inês (*Entre Quatro Paredes*, de Jean-Paul Sartre) se conhecem postumamente no inferno, sendo este uma sala com três sofás e uma estatueta. Cada qual tem seus crimes: Garcin foi desertor e martirizou a esposa a vida toda. Stelle matou seu bebê. Inês está envolvida num caso em que houve três mortos.

As personagens se fragmentam porque são incapazes de ter uma autoimagem precisa. Necessitam de espelhos e do outro como espelho. Dá-se que cada qual reflete do outro a imagem que bem entende e esta está em desacordo com o desejo de cada um. A única forma de integração possível seria através do amor, mas Stelle gosta de Garcin, que gosta de Inês, que gosta de Stelle, e todos estão condenados a permanecer juntos por toda a eternidade.

Embora se passe no inferno, a peça retrata a visão que Sartre tem do indivíduo, inacabado porque necessita do outro para se ver e sempre insatisfeito com a imagem que o outro projeta dele, sugerindo a impossibilidade de uma verdadeira integração. "O inferno são os outros", diz Garcin, mas é impossível viver inteiramente isolado, porque o homem é um ser gregário, dizemos nós. Então o drama humano seria o de estar incompleto sem o outro e portanto dividido, e sentir-se incompleto ou mal completado também com o outro, porque a verdadeira integração seria impossível.

O exemplo clássico de personagem fragmentada em contexto desintegrado, porque é uma peça que discute exatamente a validade da figura íntegra tradicional, é *Seis Personagens à*

Procura de um Autor, de Pirandello. Trata-se de um dos textos mais analisados pela crítica em geral, inclusive pelo próprio autor que, ao prefaciar a obra, desenvolve um estudo irretocável de sua estrutura, no qual estamos nos baseando.

Uma família (pai, mãe, enteada, filho, rapazinho e menina) invade o ensaio de uma companhia teatral, porque quer ver seu drama encenado. Pai e Mãe se separaram. Esta casou-se de novo e teve filhos (a Enteada, o Rapazinho e a Menina), no entanto a personagem Filho é do casal presente. Ocorre que o segundo marido morreu e, passando necessidades, a Mãe costurava para fora e ignorava que a filha, para ajudá-la, trabalhava num bordel.

Um belo dia, o Pai entra no bordel como freguês, e ele e a Enteada acabam se reconhecendo: esse é o drama que querem ver no palco. Impossível encená-lo: a Mãe, que até então ignorava o fato, dá um grito de horror. O Pai não admite ser o homem cruel e cafajeste que a Enteada insiste em acreditar que ele seja. Além disso, o diretor da companhia, que está interessado na história, quer colocar no palco algo que funcione teatralmente e não aquilo que Pai e Enteada entendem como fatos reais.

Sendo assim, vemos que a Mãe reage como pessoa e não como ficção, respondendo de forma natural e antiestética. Não é possível escolher nem o ponto de vista do Pai nem o da Enteada porque eles estão presentes e porque não reside aí o drama mais importante que conflita as pessoas na realidade, mas sim na pluralidade de pontos de vista excludentes entre si.

A Menina se afoga, mas ninguém supunha que isso iria acontecer. Um ato sem palavras e sem explicação, sem um gancho, como é comum na dramaturgia tradicional. O Rapazinho, em seguida, suicida-se com um tiro, também inexplicavelmente, como na vida. O Filho nega totalmente o drama da família e está desinteressado da situação da peça como um todo, inclusive da discussão entre família e diretor. Resta a personagem absolutamente teatral, Madame Pace, a dona do bordel, que aparece porque é invocada, por necessidade do enredo. Tal como surge, do nada, desaparece.

Ou seja, para Pirandello, a personagem íntegra é inverossímil no mundo moderno, porque na vida as coisas não se dão nem com a fixidez, nem com a lógica presentes no drama tradicional. Tudo é fluxo e está em constante vir a ser. Inclusive as personagens que, como as pessoas, não devem ter um traço dominante e ser eternamente coerentes, porque tal traço sempre varia de acordo com as circunstâncias e o momento.

Além do que, o conflito intrapessoal, que caracteriza o drama constitui-se numa análise superficial do desentendimento que se verifica na vida. No drama tradicional, as figuras entram em litígio por quererem solucionar de modo diferente um problema que enxergam de um mesmo modo. Para Pirandello, o maior drama não decorre dos diferentes modos possíveis de solucionar o problema, mas das diferentes maneiras de enxergar o real, maneiras excludentes e muitas vezes incomunicáveis. Daí ser inverossímil um texto com enredo e personagens unívocas.

Isto posto, convém citar duas peças limítrofes, escritas no curso do romantismo e que denotam influência de Rousseau na concepção da própria personagem que assume, simultaneamente, as feições de bons selvagens e de corrompidos pela sociedade cuja classificação varia bastante, conforme a leitura.

Triboulet (*O Rei se Diverte*, de Victor Hugo), o bobo da corte de Francisco I, incentiva e ajuda o amo a conquistar donzelas, nobres ou não, em suas farras noturnas. É pai de Branca, jovem lindíssima e pura que vive trancada a sete chaves, pois muitos nobres praticam o mesmo "esporte" do rei, enquanto outros, sentindo-se agravados porque tiveram as esposas ou as filhas seduzidas, poderiam querer se vingar na pessoa de Branca.

O rei conhece Branca e fica sabendo que ela é filha do bobo. Ela resiste a seus galanteios e então os nobres que estão à espreita resolvem sequestrá-la. Persuadem o bobo a acompanhá-los, dizendo tratar-se de outra moça, Madame Cossé. Desejam desforrar-se exatamente de Triboulet, que sempre foi cúmplice do rei em todos os atentados que este cometeu. Vão todos mascarados, inclusive o pai, que só percebe a trama de que fora vítima quando vê a filha sair do aposento do rei. Fica desesperado, sobretudo porque a moça está perdidamente apaixonada pelo monarca. Então faz com que ela assista a uma cena em que o seu amado corteja uma de suas favoritas, Madalena, prostituta que não sabe tratar-se do rei.

Branca parece desiludida. O pai convence-a a vestir-se de homem porque, depois de tomar algumas providências, planeja fugir com ela para longe. Então vai à casa de Madalena e suborna o irmão dela, que é um assassino profissional, para matar o homem que está com sua irmã. Branca ouve toda a conversa e decide morrer no lugar do rei. É morta e colocada num saco, conforme o bobo da corte combinara com o assassino. Triboulet paga o restante do dinheiro e vai jogar o cadáver no Sena. Branca sobrevive apenas para dizer que escolheu morrer por amor ao rei.

Se analisarmos Triboulet como personagem dividida que opta pela filha, poderíamos classificá-lo como íntegro. Se o julgarmos apenas como portador de dupla moral, ele será fragmentado por justaposição de traços. Mas uma leitura atenta da peça nos mostrará ser ele um homem bom que a sociedade corrompeu e que não sente o menor prazer em ter de fazer rir e divertir uma nobreza que o destrata e é amoral. Isso fica patente no monólogo da cena dois do segundo ato. Se adotarmos essa leitura ele tem uma essência verdadeira e portanto é íntegro, mas é uma vítima de um contexto desintegrado e corruptor. É evidente que é uma interpretação que leva em conta a época em que o texto foi escrito; hoje, ele nos pareceria simplesmente portador de dupla moral, pois, ainda que seu discurso negue, encaixa-se bem nos dois papéis, no de pai moralista e no de amoral fora de casa, e transita num contexto em que a dupla moral impera, portanto é fragmentado em contexto desintegrado. Daí termos adotado essa postura.

A classificação de Lorenzo (*Lorenzaccio*, de Alfred de Musset) varia ainda mais conforme o tipo de leitura que se utilize.

Lorenzo, no início da peça, é apenas um libertino, conquistador, trapaceiro e amigo de seu primo, Alexandre de Médici, duque de Florença, um companheiro exatamente como ele.

A partir do final do segundo ato e, mais ainda durante o terceiro, somos informados de que ele era um jovem puro, que, ao perceber que o mundo era sujo, decidiu transformar-se num Brutus contemporâneo. Tentou matar o duque de Roma e, depois de expulso de lá, foi para Florença com táticas mais aprimoradas. Ficou íntimo de Alexandre, mentiu, trapaceou, desonrou donzelas e agora vai fazer o grande gesto pelo qual lutou toda a vida, assassiná-lo.

Dá-se que se acostumou à vida cortesã, adora vinho e mulheres e nota que não só ele, mas toda a gente, até os mais simples, estão corrompidos. Não acredita que seu crime resolverá alguma coisa, mesmo assim avisa a todos os republicanos – a quem considera puros, juvenis, alienados e, portanto, incapazes de qualquer ação eficiente num mundo de que se afastaram e que desconhecem – que se organizem e assumam o poder em Florença. Todos escutam, mas ou não acreditam, ou estão envolvidos em festas, ou em suas vidas particulares. Lorenzo ainda vive para ver que nada foi feito, que o novo duque Cosmo de Médici foi entronado por unanimidade, que alguns jovens estudantes idealistas foram mortos e que tudo vai continuar como antes.

O texto de Musset é evidentemente uma crítica à personagem idealista do romantismo, àquela que pretende atacar um canhão com uma flor e um discurso. Mostra que a corrupção é um processo irreversível, que a sociedade faz o homem e desfaz o indivíduo e não ao contrário. Mesmo assim, o modo como Lorenzo é concebido permite muitas leituras : se o virmos com uma essência boa e a corrupção fruto do meio, ele seria fragmentado por justaposição de traços, pois ele não se aliena de si mesmo como Woyzeck. A personagem de Musset está consciente de suas próprias facetas o tempo todo, bem como de suas circunstâncias. E é aí que está a questão. Se ele no fundo é bom, a sociedade o tornou bifacetado. Mas, quando do assassinato de Alexandre, ele ainda alimenta alguma esperança, embora negue verbalmente. Ele mostra que é dividido só na aparência, sendo íntegro de fato, num contexto desintegrado e traçado de modo detalhado e característico.

Se, ao contrário, como nos parece mais procedente, ele não tem de fato qualquer esperança como declara, seu gesto é absurdo e gratuito, o que o torna uma personagem absurda por descrer na ação que pratica e transformar o social também em algo sem nexo. Ele é fragmentado, portanto em contexto irremediavelmente desintegrado.

Comparando Dom Juan (*El Burlador de Sevilha*, de Tirso de Molina) e Lorenzo, a questão poderá ser melhor esclarecida. Dom Juan, segundo Camus (*Le Mythe de Sisyphe*), é uma figura absurda porque, sendo um exímio conquistador de mulheres com as quais em geral tem apenas a primeira relação, sua vida consiste simplesmente na constante repetição dessas conquistas. Isso faz com que sua ação não o caracterize como um sujeito amoroso, mas como um aventureiro que não varia o gênero de aventura. Contudo, Dom Juan não se move num meio onde os demais circunstantes se comportam de modo absurdo. Lorenzo, ao contrário, é absurdo porque o mundo é absurdo. Os republicanos não lutam pela república, os que se mantêm puros vivem alienados para manter-se como tais. Os demais estão corrompidos, de forma que qualquer ação no sentido de uma transformação do meio é inútil e, portanto, gratuita.

É possível ver em Lorenzo apenas a inutilidade da ação individual e deixar margem para a possibilidade de uma ação coletiva. Nesse caso, ele se moverá num universo relativamente, e não irremediavelmente, desintegrado.

Fragmentos de Personagem: Um Teatro sem Protagonista

Antes de entrarmos na questão da função que a personagem fragmentada exerce no enredo, gostaríamos de voltar ao tema da relação entre personagem e cultura, com os seguintes intuitos: detalhar e discutir as colocações da crítica sobre o paralelismo entre fragmentação e correntes de pensamento, estabelecer um roteiro de peças para ilustrar o processo de fracionamento segundo essas perspectivas e, por fim, tratar de nossas conclusões a respeito de unidade e fragmentação.

Anatol Rosenfeld faz menção ao esgarçamento da figura no romance moderno e relaciona-o à noção de inconsciente: "mundo em que, segundo Freud, não existe tempo cronológico e em que se acumulariam, segundo Jung, não só as experiências da vida individual e sim as arquetípicas e coletivas da própria humanidade"[1]. Há romances em que o narrador se omite, lançando-se no fluxo de consciência caótico da personagem.

Para Antônio Cândido, certas concepções filosóficas e psicológicas contribuem para isso, procuram as aparências do

1 *Texto/Contexto I*, p. 85.

homem, revolucionam o conceito de personalidade (e, portanto, de personagem). É o caso do marxismo e da psicanálise[2]. Segundo Sarrazac:

> O sentimento trágico moderno nasce de uma dupla constatação: da maneira mesquinha como o homem habita o mundo e do fato de que esse mesmo homem é habitado por um poder estrangeiro: a ideologia. Woyzeck, de Büchner, tornou-se a imagem dessa alienação. Mostra a subjetividade minada pela ideologia – a personagem interioriza a situação de opressão a que está submetido[3].

Conforme Abirached:

> O que está por trás dessa noção de personagem que nasce na Europa do século XX é a ideia que vai de Bergson a Proust, chegando aos surrealistas: que a vida é um movimento ininterrupto, uma fluidez indizível e que é vã qualquer tentativa de representá-la intelectualmente[4].

Essas colocações, mesmo as que se referem ao romance, encontram respaldo na análise efetuada junto aos textos teatrais, na medida em que, a partir da vigência dessas teorias científicas, a preferência dos dramaturgos por figuras multifacetadas é significativa. Porém, não é possível adotar essas afirmações de modo absoluto, uma vez que a dramaturgia contemporânea não apresenta exclusivamente esse tipo de figura . Ao seu lado convive um número igualmente significativo de pequenos heróis cotidianos (as obras de Tennessee Williams e Plínio Marcos, por exemplo). Além disso, a personagem fragmentada já existia, principalmente em textos cômicos e farsescos, em épocas muito anteriores (Bilicleão em *As Vespas*, de Aristófanes). Mesmo assim, é possível detectar a evolução – do herói ao anti-herói – em peças selecionadas que evidenciam esse processo. Lançaremos mão de uma dupla sugestão de roteiro, pois os exemplos cuja tônica principal é de ordem psicológica e existencial não são os mesmos que enfatizam a estrutura socioeconômica. Nem por

---

2 A Personagem do Romance, em A. Candido et al, *A Personagem de Ficção*, p. 57.
3 *L'Avenir du drame*, p. 99.
4 *La Crise du personnage dans le thèâtre moderne*, p. 231.

isso tais caminhos são excludentes, ao contrário, é comum aparecerem reunidos, como em Woyzeck.

Para enfatizarmos a perspectiva social, podemos tomar os heróis da Grécia até a ilustração como um único bloco porque, apesar de suas diferenças, eles são capazes de interferir, em maior ou menor grau, no meio em que estão colocados e não apenas quando se trata de monarcas (a grande maioria tem altos cargos como Ricardo III, Macbeth, Édipo), mas também quando não o são (Romeu e Julieta). Encaixam-se, nesse mesmo bloco, as figuras que classificamos como super-heróis produzidas pelo teatro romântico (Ifigênia e Hernani). Já as personagens que denominamos impotentes, embora sejam apresentadas como superiores ao contexto, atestam a impossibilidade de o indivíduo atuar no social (Egmont, Beatriz de Cenci) e é no final do romantismo que surgem as primeiras criações onde o social atua no indivíduo (Woyzeck, Lorenzo).

Essa constatação artística está em correspondência com o surgimento do anarquismo e do socialismo, com um aumento substancial da população europeia, com a descentralização de poder do estado democrático. Resta aos indivíduos protagonizarem heroísmos cotidianos (Nora e Joana) e surge a primeira peça centralizada na ação de uma classe social, *Os Tecelões*, de Hauptman.

Os tecelões são apresentados na condição de absoluta miserabilidade a que ficaram relegados quando da introdução de teares mecânicos no século XIX. A classe se reúne e destrói o maquinário e a fábrica que lhes dava e tirava emprego, reunindo-se depois aos tecelões de outras cidades para prestar-lhes auxílio na mesma operação. Esse ato tem um cunho relativamente heroico, no sentido de vontade cumprida, mas é totalmente ineficaz em relação aos objetivos pretendidos. Se contrapusermos os tecelões aos habitantes de Fuente Ovejuna (da peça homônima de Lope de Vega), ambas as peças escritas com base em fatos verídicos, veremos que, na do Século de Ouro, a comunidade tem força para eliminar um mau governante, enquanto na Naturalista, a comunidade pouco pode contra o mau patrão, ou contra a legislação que ignora até seus direitos de sobrevivência.

As vanguardas do começo do século, de um modo irrestrito, condenam a sociedade burguesa: o simbolismo, através da figura constituída por um fragmento poético-metafísico, simplesmente a ignora. O dadá, com seu anti-herói farsesco, Ubu, anarquiza todo o sistema de poder, desqualifica quaisquer atributos humanistas do indivíduo.

Pai-Ubu (*Ubu-Rei*, de Alfred Jarry) é comandado pelas suas necessidades primárias (gula, defecação, consumo); é uma criança, tanto de raciocínio como de articulação verbal. No primeiro ato, induzido pela esposa, Mãe-Ubu, ele depõe o rei Venceslau e assume a coroa da Polônia. Para agradar seus súditos, a conselho do capitão Bordura, distribui comida e ouro. Tudo vira uma festa, até que os tesouros reais vão minguando. Então, Ubu decide aumentar os impostos. Em consequência, o povo se rebela e o depõe. Ele e a mulher fogem com algum dinheiro. São perseguidos, mas conseguem escapar e tomar um navio para Paris, onde Ubu tenciona dar outros golpes.

A visão de indivíduo nega-lhe inteligência, espiritualidade, com uma única dimensão, a da autossatisfação. Essas características se estendem a toda a sociedade, totalmente alienada de tudo o que não for festa, satisfação de desejos e necessidades.

As peças sintéticas futuristas quando não eliminam a representação do elemento humano, substituído por cores, sons ou luzes, também o apresenta de modo extremamente crítico e degradado.

Em *Flerte*, de autor anônimo, uma mulher está nua debaixo de uma campainha. Ao seu lado, um homem de smoking lê jornal. Ela diz várias vezes ser uma mulher respeitável e ele apanha um copo numa bandeja e diz: "Minhas condolências". Ela tem um ataque. O traje dele evidencia tratar-se de um burguês, mostrado ou como assexuado, ou como homossexual. A mulher é apresentada como alguém sem a menor sensibilidade para perceber quando é ou não desejada. A respeitabilidade é apresentada como um direito à satisfação dos próprios instintos. Pode-se ver aí uma crítica ao casamento ou simplesmente a ideia de que toda mulher não passa de uma prostituta, ou de um ser comandado pelo desejo, ou ainda de que o respeito é igual à hipocrisia.

O surrealismo apresenta figuras fragmentadas, apregoando o irracionalismo e o total desprezo pela razão. É o caso de Vitor e Tereza em *Vitor, ou as Crianças no Poder*, de Roger Vitrac, que propõe a transparência da autoridade para as crianças. É a festa de aniversário de Vitor, na qual estão presentes somente adultos, exceto ele e Tereza. Vitor assume o comando da situação e desmascara toda a farsa dos adultos adúlteros. Há a insinuação de que a sociedade seria mais autêntica se gerida pelos pequenos.

O cubo-futurismo apresenta denúncias de que a dominação por parte do Estado democrático é equiparável à das monarquias. Preconiza um mundo melhor sob a batuta do proletariado, puro, porque não contaminado pelo poder alienador.

O expressionismo da primeira fase postula uma sociedade totalmente diversa da burguesa, sob a égide dos jovens, ainda não corrompidos pelas impurezas do sistema vigente, em peças como *O Filho*, de Walter Hasenclever.

O filho é educado de modo extremamente severo e castrador pelo pai. Um amigo mais velho estimula o rapaz a fugir de casa e o leva para instruir inúmeros rebeldes jovens. Quando ele se encontra ao lado de uma prostituta, seu pai manda a polícia para prendê-lo e levá-lo de volta ao lar. Ele então resolve agir segundo sua própria palavra de ordem para os jovens rebeldes, matar os pais e destruir seu mundo. Porém não chega a assassinar o genitor pois este morre de um espasmo, diante da arma do filho.

No pós-guerra, o teatro engajado mais bem sucedido é o de Bertolt Brecht, que não acredita em heróis e apresenta personagens fragmentadas, pequenos heróis cotidianos, ou fragmentos de personagens, sempre colocados em situações que evidenciam a alienação do proletariado, com o intuito de conscientizar a plateia. Além de Brecht, pós bomba atômica, surge o Teatro do Absurdo, com suas personagens alienadas, abúlicas, mostrando a inutilidade da ação num mundo que as ignora totalmente e no qual elas não encontram a mínima possibilidade de interferência.

Para sugerir um roteiro que ilustre a trajetória da personagem pela trilha da psicologia – de herói a anti-herói – temos que voltar à Grécia e Roma e apontar as diferenças de construção existentes já a partir desse período. Acreditamos que uma comparação entre as Medeias de Eurípedes e de Sêneca é suficiente para esclarecer a evolução detectada. A personagem da peça grega é possuída por paixão cega, sendo capaz de raciocinar para urdir a trama da vingança contra Jasão e para ponderar a respeito do destino de seus filhos ao lado dela, uma futura exilada. É quando se decide matá-los. Já a Medeia da peça romana é traçada com a inclusão das façanhas que antecederam seu casamento com Jasão (assassinatos, trapaças e magias) que a caracterizam como criminosa e feiticeira (mistura poções num caldeirão). Apesar dessa feição, ela tem conflitos interiores durante a peça inteira e não apenas antes de matar os filhos. Há nessa Medeia a consciência de que poderia agir de modo mais clemente, opção que ela rechaça, encarando-a com fraqueza. Sua vingança apresenta requintes de crueldade até então inéditos na dramaturgia, como o de matar cada um dos filhos, diante dos olhos do pai. Ela não suscita compaixão, só terror; é um exemplo didático de como a escolha da paixão sobre a razão pode transformar os homens em monstros, uma defesa do estoicismo às avessas.

A Medeia do autor de *As Bacantes* guia-se por suas emoções, não é culpada como sua sucessora. Assume a responsabilidade por seus erros, não porque lhe seja dado evitá-los, mas porque mesmo sem poder deixar de errar, o homem responde por seus atos. Por sua vez, a heroína, ou melhor, feiticeira de Sêneca tem culpa, do mesmo modo que o Édipo romano, cujo empenho obstinado em apurar a verdade (é por esse motivo que ele não volta para Corinto após a morte de seu pai adotivo, enquanto o de Sófocles precisa continuar em Tebas para descobrir e castigar o assassino de Laio e então salvar a pólis) torna-o responsável não só do assassinato do pai como também pelo suicídio da mãe.

Assim como as criações do tutor de Nero, o mártir cristão tem culpa e responsabilidade, oscila entre o bem e o mal, especificados através da palavra de Deus. Contudo, nem sempre se faz clara a maneira como tal palavra deva ser obedecida, de modo que a personagem ainda desenvolve um debate interior.

O traçado psicológico amplia-se no Renascimento em que aparece acrescido de *status* social e no qual os protagonistas são, muitas vezes, focalizados em situações diversas.

Na construção de Otelo, como já foi analisado no capítulo "A Personagem Íntegra", além dos traços indispensáveis à ação das personagens, detalhes são acrescidos como o fato de ele ser um militar, mouro, racional e objetivo na profissão e na resolução do conflito com a família da esposa, passional quando acometido de ciúmes. É mostrado portanto com diferentes facetas e em várias circunstâncias.

No final do século XVIII, começo do XIX, o dramaturgo não se contenta em exibir os feitos da personagem necessários para que a ação caminhe, nem em mostrar suas características em várias circunstâncias, é preciso, mesmo que não se trate de peça sobre tema familiar, mostrá-lo na intimidade. Há uma consciência de que a imagem pública pode ser manipulada.

Isso se verifica, entre outros exemplos, em Mary Stuart de Schiller, notadamente no diálogo das duas rainhas: Elisabeth tem o poder, é viril, no trato dos negócios de Estado, inclemente, competente, joga com as aparências, mas é inapta para o amor e a sexualidade. Mary sente e desperta profundas paixões, é autêntica e assume seus atos, mas não consegue manter-se no poder, exatamente porque a política não é um jogo de autenticidades e sim de conveniências. O mesmo que acontece com ela, ocorre com Egmont.

Uma comparação entre Édipo (Sófocles) e Egmont (Goethe) pode clarear a forma de psicologização romântica. Pela reverência com que Édipo é tratado pelo povo e sacerdote, na primeira cena da peça, percebe-se que ele é estimado e respeitado, um bom rei. No que diz respeito a Egmont, não basta afirmar seu prestígio popular, faz-se necessário mostrá-lo em relação com as pessoas da cidade e também com sua amada, para tornar verossímil que ele seja bom, por dentro e por fora.

Nos fins do século XIX, a personagem chega ao ápice da psicologização como pode notar-se em peças como Os Espectros, de Ibsen, um exemplo clássico de drama naturalista.

A sra. Alving mandou o filho estudar longe, porque queria evitar sua convivência com o pai, o qual ela considerava conquistador e irresponsável. Após a morte do sr. Alving, Oswald volta para residir com a mãe. Para o espanto desta, Oswald seduz a filha da empregada, exatamente como seu finado marido havia seduzido a criada anos atrás. Além disso, descobre que Oswald está com sífilis e vai morrer da doença, como seu pai. Ela lutou com todas as forças para determinar o destino de Oswald, mas a hereditariedade e a biologia falaram mais alto.

A sra. Alving é traçada milimetricamente, cada passo de seu passado é trazido à tona, mas, apesar de ela ser a protagonista, podemos nos focalizar em seu filho para mostrar que o desenho de sua figura, apresentado em suas relações com a mãe, lembranças do pai, atitudes com a namorada, só fica completo se acrescido do sr. Alving, o que é uma ampliação considerável nos fatores que compõem uma figura ficcional.

Além disso, a sra. Alving, com a proximidade do filho, passa a reconhecer que o falecido esposo, com todos os defeitos, foi a grande alegria de sua vida. Essa justaposição de maneiras com que ela encara o sr. Alving relativiza a imagem dele. Tal relativização, inteiramente baseada em razões subjetivas e psicológicas, põe em questão a objetividade das opiniões que se transformam em impressões momentâneas. É um modo de tratar a personagem que pode aparecer ocasionalmente na obra de Ibsen, mas que caracteriza a forma de Strindberg fragmentar muitas de suas figuras.

Em *O Pária*, Strindberg coloca um arqueólogo e um insetologista conversando. Um investiga o outro. O arqueólogo matou um homem, não tem culpa, não foi intencional, ninguém viu. O outro falsificou uma assinatura, foi descoberto, mas não foi preso, vive um tanto clandestinamente, sente culpa. Tal discussão evidencia a relatividade do crime e da culpa, encarados de modo subjetivo, e, indiretamente, questiona a legitimidade das leis, porque, se crime e culpa dependem de tantos fatores aleatórios, não é possível uma justiça real.

Em outro ponto da conversa, o arqueólogo confessa-se atolado em dívidas que lhe tiram o sono e reconhece que, embora uma pequena parcela do ouro obtido em suas escavações pudesse sanar suas dificuldades financeiras e não deixaria vestígios, pois trabalha sozinho, é incapaz de tirar qualquer coisa para si. Esse material é para ele sagrado porque carregado de significações históricas, científicas. Um valor que só poderia ser compartilhado por um iniciado, o que, por sua vez, relativiza o sagrado conforme o sujeito e mostra a impossibilidade de sua generalização. Se o sagrado é tão difuso, são totalmente arbitrárias todas as leis e a organização social, as quais sempre partem da eleição de determinados valores como aprioristicos para estabelecer seus fundamentos. O arqueólogo e o insetologista transitam, portanto, num universo movediço, sem alicerces firmes nem valores estáveis, onde a comunicação entre os indivíduos é precária e a unidade impensável.

Dessas peças precursoras da personagem fragmentada em contexto desintegrado do século XX até as de Pirandello, Sartre e Arrabal, o passo é muito pequeno. Franqueá-lo significa apenas adotar, não como tema, mas como modo de estruturação constante, esse tipo de personagem que se estilhaça por razões psicofilosóficas.

Depois dessa psicologização tão microscópica, surgem as personagens constituídas apenas de um fragmento, como no simbolismo, composta de impressões e intuições, sem psicologização.

As peças futuristas não apresentam qualquer tipo de psicologização em suas personagens fragmentadas, mas procuram ser sintéticas e fluidas como a vida, que é puro fluxo em mutação, conforme a cosmovisão fenomenológica.

O surrealismo, sob influência declarada de Freud, procura captar as manifestações do inconsciente, declara guerra aos pais e ao mundo adulto, como na peça de Vitrac já analisada (*Vitor, ou as Crianças no Poder*) e, em outras peças como *O Defunto* (da qual tratamos anteriormente[5]), também dedica-se à fluidez dos fenômenos.

O expressionismo quer libertar o inconsciente e salvar os jovens e crianças não contaminadas pela educação e introjeção do mundo adulto. Para tanto, declara guerra aos pais (*O Filho*), e à sociedade industrial (*Gás*). Ora concebe figuras torturadas pela situação vigente, ora cria indivíduos "livres", como em *Baal*, de Brecht.

Baal é composto de um fragmento que é todo energia vital e se dedica a poetar, beber e exercitar plenamente sua libido. Ele tem a vitalidade como traço dominante e como motor de sua ação, é uma versão moderna de D. Juan. Não é íntegro porque, apesar de assumir plena e exclusivamente esse lado, não se altera mesmo em circunstâncias externas que comportariam outra atitude de sua parte. Ignora a situação dramática.

No teatro de Brecht há ainda personagens como Chen-Te e Chui-Ta, cuja fragmentação psicológica é apresentada como decorrente do contexto social, da sociedade baseada em economia de mercado e propriedade privada.

---

5   Ver supra, p. 61.

No teatro do Absurdo, seja através da personagem fragmentada (Arquiteto/Imperador), seja através da personagem composta por um fragmento e atípica (Winie), não há interesse em apresentar um traçado psicológico coerente e, muitas vezes, há a abolição de qualquer psicologia, sobrando apenas o fluxo de consciência.

De maneira que a análise empreendida no âmbito dos textos teatrais confirma as afirmações da crítica com relação à fragmentação da personagem, mas também cria a possibilidade de percebermos como esse processo se dá dentro das obras (justaposição, dicotomia entre personagem e o que é dito dela, incompatibilidade entre personagem e situação dramática), o que aprofunda a compreensão do problema, mostrando um outro ângulo de enfoque diferente do adotado por críticos como Peter Szondi (*The Theory of the Modern Drama*), Eric Bentley (*The Playwright as Thinker*), Martin Esslin (*O Teatro do Absurdo*), Richard Gilman (*The Making of Modern Drama*), Robert Abirached (*La Crise du personnage dans le théâtre moderne*), Anatol Rosenfeld (*Texto/Contexto I* e *O Mito e o Herói no Moderno Teatro Brasileiro*), Antonio Candido ("A Personagem do Romance", em *A Personagem de Ficção*) e Jean-Pierre Sarrazac que, ou por não terem em foco o teatro (Anatol e Antonio Candido), ou por estudarem o teatro moderno e suas origens através dos autores que o forjaram, acabam por não observar a evolução da figura.

Além disso, a análise das peças nos permite afirmar que nem a personagem fragmentada e nem o contexto desintegrado são invenções do século XX, de maneira que parece-nos que o problema não reside numa concepção unitária de indivíduo, ou mesmo de sociedade, mas num ideal unitário.

Senão vejamos: desde o mundo helênico, o homem é concebido como composto de uma parte racional e de outra irracional (as paixões). É portanto bifacetado. Nesse sentido, cabe dizer que o herói é um pouco melhor do que a média da humanidade, de vez que seu caráter é claro, preciso e unívoco, na medida em que há coerência entre suas palavras e ações.

O herói de Sêneca é conflitado, mas opta, há um ideal de unidade a ser conquistado pelo refreamento das paixões e exacerbação da razão.

Na concepção cristã (e em suas raízes judaicas), a unidade ficou perdida no paraíso. Na terra só será possível alcançá-la através de uma vida santa, embora só esteja garantida no céu. Mesmo assim, há um ideal de unidade, não particularmente na ideia de que o homem foi concebido à imagem e semelhança de Deus (pois tal visão demonstra exatamente uma noção bifacetada de indivíduo, uma vez que Deus não tem corpo), mas na ideia de unidade com o divino através de uma vida dedicada ao bem.

Na Renascença, o ideal unitário sofre seu primeiro grande abalo, com o antagonismo das representações do cristianismo e de Maquiavel. Mas continua a manter-se, através do platonismo e de sua noção de essência e aparência, que elege sempre uma característica como fundante em detrimento das outras, vistas como acidentais.

O pensamento da ilustração, notadamente o de Rousseau, traz embutida a ideia de uma unidade (entre homem e natureza) perdida, mas não descarta totalmente esse ideal.

O romantismo, pode-se dizer, transpira esse ideal em quase todas as obras, embora simultaneamente apresente tal objetivo como inatingível no presente momento histórico. Nota-se uma transferência, no maniqueísmo cristão, das forças metafísicas para um mal que ora habita o social, ora divide a humanidade entre vilões e santos.

Cabe notar que esse maniqueísmo continua a existir em boa parte da produção teatral, mesmo no teatro contemporâneo, através de representantes das classes dominantes que não têm alma e são incapazes de amar e de representantes da classe baixa de pureza imaculada. Além disso, embora sejam comuns as figuras que adotam atitudes imorais fora de casa e na intimidade praticam atitudes éticas, raras são as que, ao contrário, são reconhecidamente bondosas fora de casa e tiranas dentro. Estas últimas são em geral as psicopatas que atuam em textos policiais. A imagem que se tem dos mafiosos através da ficção é neorromântica.

O naturalismo, por sua vez, quer dar cabo do idealismo e busca retratar contexto e figura sem conceitos preestabelecidos (afora condicionamentos biológicos, sociais, históricos e econômicos), alijando o ideal unitário em grande número de obras.

Nos parece que é em decorrência da redução de tal ideal que a personagem aparece cada vez mais fragmentada ou composta apenas de fragmentos, muito menos do que pela noção de indivíduo, embora a ciência moderna tenha contribuído bastante para mostrar que tal ideal é utópico. Afinal, das paixões às pulsões o salto não é assim tão grande, como também não é do vir a ser de Heráclito à fenomenologia.

Um processo semelhante observa-se em relação às teorias sociais. Todos os pensadores[6] até Rousseau consideram que a sociedade é uma consequência natural dos agrupamentos humanos. Mas uma leitura bem atenta mostra que esse axioma é apenas um princípio, sendo que a maioria deles demonstra sérias restrições às sociedades em que viviam. Basta citar Platão que, além de ser contrário à propriedade privada que vigorava na Grécia de seu tempo, escreveu a *República*, que traz em seu bojo um total repúdio à organização social que ele tinha diante dos olhos. De maneira que nos parece legítimo afirmar que a integração entre indivíduo, sociedade e natureza, sempre foi um ideal que, posteriormente, Rousseau e Marx apontaram como impraticável em uma sociedade em que impera a disparidade e vislumbraram na organização que ambos projetaram para o futuro.

Diante destas constatações, cremos que podemos afirmar que a principal razão da fragmentação da personagem é o relativismo presente no mundo moderno. Em termos dramatúrgicos, as comparações que fizemos entre heróis divididos que assim se mantêm até o final do enredo e a personagem fragmentada, notadamente nas peças *Ajax*, de Sófocles, que cotejamos com *Horácio* de Heiner Müller, bem como em *Hedda Gabler*, de Ibsen e *Estranho Interlúdio*, de O'Neill (as quatro analisadas no início do terceiro capítulo), evidenciam que as figuras só se fragmentam inteiramente quando não há uma hierarquização dos valores antagônicos que manifestam, o que corrobora com nossas hipóteses.

Anatol Rosenfeld afirma:

---

6 J.P. Lichtenberger, em *Development of Social Theory*, apresenta o pensamento social de Platão até Gumplowicz e Ratzenhofer. Utilizamos aqui o trecho que vai de Platão até Augusto Comte. Na conclusão, nos servimos do trecho que vai de Platão a Rousseau.

A visão mítica é essencialmente anticientífica [...] Profundamente dramático, o mito tinge tudo com as cores apaixonadas do amor e do ódio, do medo e da esperança. No seu bojo há sempre implicações metafísicas e religiosas, já que nele se manifesta uma interpretação totalizadora e unificadora do universo, das suas origens e da sua essência [...].
Não admira que os artistas contemporâneos aspiram a "reconstruir" o mito [...] a fim de assim reconquistarem a unidade perdida e atingirem o impacto estético desejado [...].
[...] o desejo de recuperar a grande unidade sintética e a plasticidade sensível da visão mítica, num mundo em que a fragmentação e a análise tendem a dificultar o labor artístico [...][7].

Concordamos com as afirmações do crítico, com a ressalva de que alguns pensamentos científicos (a psicanálise com a eleição da libido como essência, o marxismo com a projeção de uma sociedade futura e totalmente harmônica, além de Bergson) também desejam "reconstruir o mito a fim de reconquistarem a unidade perdida", e há, ainda, alguns artistas que propõem a possibilidade de harmonização de uma nova maneira: através da aceitação do relativo e do fragmentário.

Assim É se lhe Parece e *Estranho Interlúdio* sugerem a consciência do fragmentário, a aceitação das projeções do outro (ao contrário de Sartre, para quem o outro é um grande empecilho) e a tranquilidade de viver verdades possíveis, ou seja, meias verdades.

Além deles, Artaud, em nossa opinião, quando fala do "atleta afetivo"[8], propõe um ator que conheça profundamente todas as suas potencialidades de expressão, ou seja, todos os papéis possíveis, a ponto de ser capaz de traduzir tudo isso com o corpo e o som, para conseguir despertar o público para essas potências interiores e efetuar uma terapêutica da civilização, não em busca da unidade absoluta, mas da maleabilidade máxima.

Isso posto, passaremos à questão da personagem dentro do enredo.

No gênero dramático, o autor se esconde atrás da obra e quem fala e age são as figuras ficcionais. Desde o nascimento do teatro, a peça é contada segundo o enfoque de uma das

---

7   *O Mito e o Herói no Moderno Teatro Brasileiro*, p. 36-37.
8   A. Artaud, *O Teatro e seu Duplo*, p. 189-200. Artaud apresenta sua visão do ator, incluindo exercícios respiratórios e outras técnicas para o domínio da emoção.

personagens (em geral, a protagonista), o que dá unidade à fábula. Tanto isso é verdade que são comuns os textos em que não há continuidade no enredo (o chamado drama de farrapos) e cuja unidade advém da personagem. É o caso de *Woyzeck* e *O Burlador de Sevilha*.

A dissociação entre protagonista e ponto de vista começa a se acentuar a partir do romantismo na parte da dramaturgia que assume uma postura extremamente crítica em relação à sociedade. Para dramatizar essa visão, é necessário explicitar muito claramente o enfoque da personagem central e o do contexto que a impede de exercer sua ação inteiramente. Esse peso similar dado à figura e ao fundo, cria uma abertura que amplia a possibilidade de o receptor interpretar a peça dos dois ângulos, a despeito da intenção do dramaturgo. Esse tipo de abertura se acentua ainda mais no naturalismo devido ao princípio de o autor traduzir a realidade observada e representada do modo mais imparcial possível, o que determina a pluralidade de pontos de vista.

Antes de nos determos na ruptura do enfoque da obra, gostaríamos de salientar que a personagem fragmentada de qualquer espécie e em qualquer estilo é antiprotagonista. Não comporta essa função, pois é ambígua e torna a obra ambígua. Isso é verdade até mesmo no caso de heróis divididos que assim permanecem, como Ajax (Sófocles), que ocupa o foco principal, mas não dá o sentido da peça, função que fica a cargo de Ulisses. Em peças mais recentes, a presença desse tipo de figura, com conflito insolúvel, torna o enredo cíclico, um teatro de situação. E, como afirma Szondi[9], o teatro de situação adota uma parte do drama e rejeita a outra, a mudança de situação, por descrer nessa possibilidade. É o caso da sra. Frola, do sr. e sra. Ponza (*Assim É se lhe Parece*, de Pirandello), de Garcin, Stelle e Inês (*Entre Quatro Paredes*, de Sartre), entre inúmeros outros. As personagens compostas por fragmentos também ocupam posição central (por exemplo, em textos futuristas como *O Defunto*, de René Obaldia), mas raramente podem ser consideradas protagonistas (com exceção do caso de *Baal* e de outras peças do expressionismo). Já a personagem

---

9 *Theory of the Modern Drama*, p. 55-56.

atípica, tão presente em obras de Beckett e de Heiner Müller, decididamente não é protagonista.

A figura fragmentada é, portanto, um componente importante para que o drama atual seja povoado de personagens centrais, mas não apresente protagonistas. O outro componente essencial é a multiplicação de pontos de vista. Entre os exemplos dessa espécie de construção, vale deter-se em *As Três Irmãs*, de Tchékhov.

Macha, Irina e Olga são três personagens extremamente semelhantes, na medida em que estão entediadas da vida que levam e, diante disso, sonham voltar a Moscou. É um desejo vago e não uma vontade determinada que gere ações com esse objetivo. São barcos a navegar ao sabor da maré, mas não por excesso de motivação, como a srta. Júlia (Strindberg). Na verdade, nenhum valor, nem o sonho de voltar para Moscou, chega a impeli-las a direcionar o leme. Natacha, a cunhada, sabe o que quer, é uma personagem íntegra: fica noiva, depois casa-se com Pedro, tem um filho, sai com o chefe do marido e, aos poucos, vai tomando conta da casa toda. Talvez não consiga seu objetivo, por motivo acidental (Irina pode ficar na casa após a morte do noivo num duelo) e porque Pedro joga, contrai dívidas e tem de hipotecar o imóvel (se ele o faz por temperamento dissoluto ou para impedir que as irmãs possam vender a propriedade a fim de se mudarem para Moscou, não se sabe).

Macha é casada e está cansada do marido, embora o considerasse maravilhoso quando o desposou. Olga trabalha e está entediada. Irina está farta do ócio. As opções que elas se colocam são trabalhar, não trabalhar, casar-se ou não e, pelo exemplo e experiência delas mesmas, sabe-se que nem uma destas soluções resolve. Todas são paliativos, mas elas não têm consciência disso.

Quando percebem que o sonho de Moscou gorou, porque a casa foi hipotecada, conformam-se, não é nenhuma catástrofe. A impressão é de tratar-se de um sonho apenas, devendo ser mantido como tal.

A fragmentação do ponto de vista, uma estrutura que corresponde a uma visão relativista, valoriza com igual peso a perspectiva de várias personagens e, desse modo, nega a função de protagonista até mesmo às personagens íntegras. É o caso de Natacha em *As Três Irmãs* e de Golaud em *Peléas e Melisanda*, de Maurice Maeterlinck.

Melisanda está à beira de uma fonte quando se encontra com Golaud. Este não sabe de onde ela veio nem quem ela é. Além de passar a saber o seu nome, percebe os seus cabelos longuíssimos e a sua fragilidade. Ela se casa com Golaud, mas acaba apaixonando-se perdidamente pelo cunhado, Peléas. Eles vivem esse amor enquanto e como é possível. Não tentam fugir para outro lugar onde corressem menos riscos. Golaud é uma personagem íntegra convencional. Apaixonado e enciumado, mata o irmão. Depois acaba arrependendo-se, em termos, porque insiste em saber se Melisanda teve relações com Peléas, isso no leito de agonia dela, que morre de parto. Golaud é íntegro, mas não é sua perspectiva que enfeixa a obra; é central, não é protagonista.

Embora em estilo completamente diferente, *Seis Personagens à Procura de um Autor*, de Pirandello, também não apresenta nem protagonista individual nem protagonista coletivo no microcosmo da peça. O drama, já analisado com relação à concepção de personagem no terceiro capítulo deste livro, tem outro aspecto extremamente interessante e presente em alguns textos de nosso século, que cumpre ressaltar: a insinuação de um protagonista, ausente no microcosmo e presente no macrocosmo da obra.

No caso de *Seis Personagens*, trata-se do autor que as rejeitou e que, por ser criador delas, seria o único a ter condições de determinar o sentido do drama que lhes deu existência. O dramaturgo, conforme prefácio, negou-se a escrever a história de suas criaturas, porque lhe pareceu serem actantes de um melodrama banal e corriqueiro. Além disso, não lhe interessava avaliar a interpretação que nenhuma delas tinha dos fatos vivenciados, o que o levou a colocá-las em outro drama, o de se apresentarem concebidas sem um autor que lhes desse sentido. Essa presença ausente sugere que o drama real dos indivíduos, metaforizados através da personagem, é habitar um mundo sem criador, ou com um criador que se desinteressou inteiramente de suas criaturas e lhes volveu as costas. Como responsável pela obra, o criador é o único que compreende seu processo completo e direção; as criaturas possuem apenas visão parcial, não conseguem enxergar o todo, nem entender-se entre si, pois cada qual só percebe a sua própria parte.

Esse mesmo tipo de sugestão está contido em *Esperando Godot* (Samuel Beckett) e em *O Mal-Entendido* (Albert Camus).

Didi e Gogo são dois cidadãos marginais que conversam embaixo de uma árvore. Dois *clowns*. Não sabem bem quem são, por que existem, e tem-se a impressão de que em outros tempos passados suas vidas poderiam ter sido encaminhadas de outro modo. Nenhuma certeza, nem grandes vontades. Eles simplesmente esperam Godot, porque não há nada mais a fazer. Não sabem se Godot vem, se existe, nem alimentam convicção de que a chegada dele resolveria alguma coisa. Mesmo assim, esperam. Godot não vem. Quem aparece é uma dupla exótica: Lucky e Pozzo. Pozzo é o proprietário das terras, e sua ação consiste em subjugar Lucky. Lucky, uma versão atualizada e brilhante do Doutor da *Commedia dell'Arte*, parece representar simultaneamente o intelectual e o artista. Sabia dançar e cantar antigamente e, sob o julgo do proprietário, está desaprendendo. Seu discurso, aparentemente científico, profundo e sério, mostra-se inteiramente vazio e soa despropositual, como o dos médicos de Molière. Lucky e Pozzo não conhecem Godot e nunca ouviram falar dele. Quem o conhece e garante que ele já vem vindo, é um jovem, descompromissado tanto da situação de Didi e Gogo como da de Lucky e Pozzo.

Independentemente da leitura que se faça de *Esperando Godot*, trata-se de uma peça sem protagonista no microcosmo, mas que insinua a presença de um protagonista no macrocosmo, o qual seria o portador do sentido de tudo quanto é apresentado. Essa constatação permite interpretar que trata-se também de um deus ausente do microcosmo, que seria a única solução unificadora dessa situação desintegrada. A ideia não é original e aparece com várias outras leituras da peça, como no estudo sobre Beckett em *O Teatro do Absurdo*, de Martin Esslin.

Em *O Mal-Entendido*, Marta e sua mãe estão unidas pelo projeto comum de morarem no campo, onde, creem, seriam mais felizes. Para atingir tal objetivo, alugam um cômodo da própria casa a hóspedes temporários e, em seguida, os saqueiam e matam. Nessa tarefa têm, como auxiliar, um criado quase mudo.

Jean, irmão de Marta, chega à cidade com a esposa, Maria. Quer procurar a família que não vê há muitos anos. Como não sabe se será bem ou mal recebido, decide apresentar-se como hóspede, com o intuito de, em hora conveniente, identificar-se. Aceito como futura vítima, quase vê os planos irem por água abaixo, pois Marta exige que apresente o passaporte. O criado entra em cena e recolhe o documento, sem que a locadora o examine. Durante a estadia de Jean na casa, Marta e a mãe decidem atrasar o assassinato, pois algo lhes diz que é uma pessoa diferente. Jean pede uma refeição extra e o criado, que não deveria atender à campainha nesses casos, entra com uma bandeja e o chá envenenado. Quando as duas mulheres dão pelo fato consumado e estudam a forma com que se desfarão do corpo, Jean entra e entrega-lhes o passaporte. Cientes da identidade do cadáver, a mãe desespera-se, entra em litígio com a filha e suicida-se perto do filho. Marta segue o exemplo. Quando Maria, viúva de Jean, é informada do ocorrido, lamenta-se e invoca Deus. Quem responde é o criado: "A senhora me chamou?" Conversam e ele lhe nega ajuda.

Não há protagonistas e nem unidade de perspectiva, mas todo o desencontro familiar dá-se devido à ação do criado (ele recolhe o passaporte antes do crime, entrega-o a Marta quando o crime já se consumou. Traz o veneno da bandeja, como seria de praxe, mas não por ordem das patroas, e sim porque atende um pedido do hóspede que não lhe cabia atender). Essa construção sugere que no macrocosmo está presente um Deus cuja atuação se confunde com a do criado, um criador que se diverte suscitando quiproquós para confundir a vida de suas criaturas, a quem não ama, um Deus irônico, cruel e brincalhão, para quem os homens não passam de títeres.

Nossa Cidade (Thornton Wilder), uma peça de cunho religioso, também apresenta o verdadeiro protagonista no macrocosmo. A personagem central é a cidade de Grover's Corners, representada principalmente pela fatia de vida de Emily e Jorge. A peça se apresenta em três fases: o cotidiano, o casamento e o cemitério. Emily está presente em todos os atos, mas não é exatamente uma protagonista, inclusive porque ela não tem antagonista, afora o fato de ser apenas um exemplar da vida cotidiana comum que a maioria dos habitantes da cidade leva.

As cenas são ligadas pelo narrador, que representa o artista, selecionando e cortando cenas, complementando as informações necessárias. A comunidade deseja ficar para a posteridade, não por meio das pessoas, mas do modo de vida seguido por ela. A cidade tem poucas indústrias e habitantes, muitas igrejas e zona rural próxima. O pai de Emily é médico, o de Jorge, jornalista. É como se o mundo se limitasse às fronteiras de Grover's Corners. A vida é uma total mesmice e, no entanto, é impossível deixar de ter alguma simpatia por aquelas personagens tão banais. O sentido de toda essa existência, da luta do dia a dia, não está ao alcance dos seres ficcionais, nem mesmo do receptor, para o qual há a sugestão de um entendimento póstumo, que só é vislumbrado pelas almas que povoam o cemitério. Mesmo estas estão se desligando de suas antigas vidas, cientes de que passarão a outro estágio, melhor do que o atual, onde o total entendimento virá. Dessa maneira se insinua no microcosmo da peça, especialmente no microcosmo do cemitério, a protagonização de um Deus que lhes desvendará os mistérios desta e da outra vida.

Todos esses exemplos, relativos a protagonistas de macrocosmo, comportam leituras metafísicas que vão da insinuação de um Deus irônico (*O Mal-Entendido*), passando pela simples constatação da ausência de um Deus que infunde sentido ao microcosmo (*Seis Personagens à Procura de um Autor*, *Esperando Godot*), esperando esse mesmo Deus enquanto almas ainda ligadas à terra (*Nossa Cidade*). Tal constatação nos remete a Roland Barthes[10], quando declara que o homem oscila entre a crença num Deus misericordioso, que o torna culpado das desgraças do mundo, e a crença na inocência do homem, que segue necessariamente a noção de um Deus cruel ou inexistente.

À luz desta reflexão é possível constatar que há uma cisão entre pensamento religioso e científico, mais objetiva do que metafísica: a ciência, principalmente a partir do século XIX, põe em xeque a questão da responsabilidade do homem por seus atos (de vez que este é condicionado pelo meio e pela estrutura da

---

10 "Podemos dizer que todo herói trágico nasce inocente: Ele se faz culpado para salvar Deus. A teoria raciniana é uma redenção invertida: é o homem que resgata Deus. [...] A culpabilidade do herói é uma necessidade funcional: se o homem é puro, é Deus que é impuro, e o mundo se desfaz". R. Barthes, *Racine*, p. 48.

psique) e não tem respostas que permitam uma certa harmonia no interior da cultura. Como a ciência desconhece até que ponto o homem já nasce, é feito e se faz, não há acomodação possível entre pensamento científico e religioso, as práticas jurídicas e institucionais são arbitrárias e até absurdas, as personagens íntegras ou mesmo os contextos integrados são inverossímeis.

Tal cenário cultural abalou profundamente o ideal de unidade, mas não conseguiu extirpá-lo, nem mesmo no teatro, onde se transfere do microcosmo para o macrocosmo, mesmo em peças povoadas por personagens inocentes (como é o caso de todos os exemplos dados, incluso *O Mal-Entendido*, onde Marta e a mãe podem ser culpadas por outros assassinatos deliberados que não constam do texto, mas não do que se apresenta relatado). Esse ideal também está presente em outras obras, onde aparecem protagonistas de macrocosmos que não têm um caráter tão metafísico, mas, em primeira instância, científico, como é o caso de *Mistério Bufo*, de Vladimir Maiakóvski, e de *Círculo de Giz Caucasiano*, de Bertolt Brecht, que delineiam a superação das contradições através da protagonização da revolução operária, ou ainda, *A Criança Enterrada*, de Sam Shepard, que vislumbra tal redenção através da ação da psicanálise e da consciência edípica. Ideal unitário que se percebe no macrocosmo das peças e das teorias científicas, conforme já dissemos.

Mistério Bufo é uma peça em seis atos, com dois planos ficcionais. O primeiro, desenvolvendo-se em cinco atos; o segundo, que compreende o futuro, desenrola-se no sexto. A peça inicia-se com um dilúvio, significando a revolução, que atinge os cinco continentes da Terra. Sobreviventes dessa inundação estão no palco: sete pares de puros (burgueses) e sete pares de impuros (trabalhadores). Decidem construir uma arca. No segundo ato, há a tentativa de dominação, a autocracia, dos burgueses e nobres que prendem os impuros. Mas surgem conflitos entre puros e parte destes solta os impuros para ajudá-los a derrotar os que estão no poder. Instaura-se uma democracia que também acaba redundando em dominação dos puros sobre os impuros. Estes últimos rebelam-se e jogam os outros ao mar. No terceiro ato, as personagens restantes visitam os infernos, onde reina imensa confusão entre diabos e burgueses. Saem convencidos de que o calor de uma caldeira de metalúrgica é pior. No quarto ato, sobem ao céu, lá se conflitam e acabam assolando-o. Roubam os raios de Deus para transformar em energia elétrica. No quinto ato, de volta à Terra, encontram os escombros da inundação/ revolução e começam a reconstrução, apesar da fome. No sexto ato, vislumbram o homem e a sociedade do futuro, sem classes, com muita riqueza, prosperidade e liberdade.

Os cinco primeiros atos presentificam a revolução proletária e suas etapas num primeiro plano ficcional, o sexto ato presentifica o futuro como tal e, portanto, o macrocosmo da presente situação, onde impera harmonia completa, unidade.

Em *O Círculo de Giz Caucasiano*, tudo começa com a tentativa de organizar a reconstrução de uma aldeia bombardeada pelos nazistas. Encerrados os primeiros acordos, inicia-se uma peça dentro da peça: o governador Georgi Abachivili, cuja administração mantém o povo na miséria, é deposto. A esposa e comitiva vão-se embora e esquecem Miguel, o filho ainda bebê. Grusche, a empregada, pega-o e decide cuidar dele. Há guerra e ela tem que passar por todo o tipo de riscos para conseguir alimentá-lo e sobreviver com ele. Um estalajadeiro, Azdak, que salva o grão-duque, o qual também é deposto, é nomeado juiz e adota critérios que sempre favorecem os pobres.

Nesse ínterim a guerra acaba e Natalia Abaschivili quer recuperar o filho que Grusche criou, para poder tomar posse da herança deixada pelo pai. Corno, o grão-duque é empossado novamente. Não se sabe se Azdak poderá sentenciar a seu modo ou se a comarca terá outro magistério, que privilegiará os ricos. Dá-se que, em gratidão ao fato de ter sido salvo, o grão-duque confirma Azdak no posto. Este determina que ambas as pretendentes à guarda de Miguel disputem o filho dentro de um círculo de giz desenhado por ele. Como Grusche nega-se a puxar o braço da criança para não machucá-la, ganha a causa, para indignação de Natalia.

No microcosmo da peça insinua-se a possibilidade de uma justiça diferente, que não se encarregue simplesmente de proteger aqueles que têm posses e, no macrocosmo, sugere-se outro tipo de governo, como na Pérsia, em que o soldado raso passou a comandar o exército, um camponês assumiu o governo e um tintureiro cuidava do pagamento dos soldos, tudo dando certo, com o povo vivendo em paz.

A Criança Enterrada revisita o mito de Édipo transposto para o âmbito de uma família de zona rural americana. O pai, Dodge, um sexagenário, meio doente, passa o tempo todo na sala vendo televisão. A mãe, Halie, meio controladora, não parece ter grandes interesses em seus parentes e só tem olhos para o pastor Dewis. Dodge e Halie têm dois filhos, Tilden e Bradley. Tilden casou-se e foi morar no Novo México, Bradley mora próximo. Bradley manca de uma perna e é ele quem faz a barba e corta o cabelo do pai e, consequentemente, acaba sempre ferindo-o. Tanto o pai como o filho manco necessitam de cuidados, pois são incompetentes para cuidarem até de si. Tilden volta à casa, trazendo uma braçada de espigas de milho, para espanto do pai. Há anos não nasce milho, a terra não é mais fértil. Ele só pode tê-los roubado dos vizinhos e ninguém quer encrenca com os vizinhos. Chegam mais dois visitantes, Vince (filho de Tilden) e a namorada. É ela quem investiga e descobre o segredo da família. Vinte anos antes, Dodge e Halie não tinham mais relações e ela ficou grávida. Quando o bebê nasceu, Dodge matou-o e enterrou-o no jardim.

Tilden está o tempo todo querendo comentar o fato com o pai que se esquiva. Para Tilden, só falando e colocando tudo em pratos limpos é possível ter paz. É o filho dele quem está enterrado no jardim e esse é o motivo de sua volta ao lar. Na última cena, Tilden atravessa a sala com o bebe desenterrado e sobe as escadas para levá-lo até a mãe. Só se ouve a voz de Halei espantada, porque após vinte anos os fundos da casa estão repletos de espigas de milho, uma safra nunca vista. Dodge morre, discretamente, e não chega a assistir à entrada de Tilden.

No microcosmo da peça, há uma relação incestuosa entre mãe e filho, e a reação do pai determina, através do extermínio do bebe, que tudo fique escondido. Tilden tenta viver segundo esse esquema do pai e só encontra solidão, até que decide voltar porque está convencido de que a solução do pai foi inadequada, e também por entender que é necessário lidar diretamente com o problema e não escondê-lo. Sua atitude permite que o pai morra em paz e é satisfatória para ele pois, além de tudo, ao desenterrar a criança, a terra volta a ser fértil, o milho abunda.

A solução de Tilden de encarar o problema de frente, tirando-o da clandestinidade, é exatamente a postura da terapia psicanalítica que, evidentemente, está no macrocosmo da peça, e essa alternativa não só resolve os conflitos da família envolvida, como também reinstaura a fertilidade do solo, criando uma nova era.

Como é sabido, as personagens fragmentadas continuam mais presentes na dramaturgia do que as íntegras, pois ainda que boa parte das pessoas acredite em Deus e na capacidade da ciência de nos salvar (com a psicanálise, as ciências ditas exatas e outras soluções) a maioria considera a vida sem sentido e o mundo como sendo absurdo. Tais crenças, ainda mais depois da carnificina da Segunda Guerra Mundial que culminou com o Holocausto e o lançamento das bombas atômicas em Hiroshima e Nagasaki, com a consequente contestação seja de Deus, seja do homem, levaram e continuam levando a uma arte fragmentada, ainda que às vezes se fragmente o contexto e não a personagem. Por ora, e mesmo no futuro imediato, não há vislumbre de qualquer alteração nessa situação, a não ser, é claro, que surja um novo gênero que altere esse quadro... o que parece quase impossível.

Bibliografia

SOBRE A PERSONAGEM

ABIRACHED, Robert. *La Crise du personnage dans le théâtre moderne*. Paris: Bernard Grasset, 1978.
ANDREAS-SALOMÉ, Lou; MANDEL, Siegfried. *Ibsen's Heroines*. Redding Ridge: Black Swan, 1985.
BAMBER, Linda. *Comic Women, Tragic Men: A Study of Gender and Genre in Shakespeare*. Stanford: Stanford University Press, 1982.
BERMEL, Albert. *Contradictory Characters: An Interpretation of the Modern Theatre*. New York: Dutton, 1984.
BRAIT, Beth. *A Personagem*. São Paulo: Ática,1985.
CANDIDO, Antonio et al. *A Personagem de Ficção*. São Paulo: Perspectiva, 1986. (Coleção Debates).
CLARKE, Charles Cowden. *Molière – Characters*. Edimburgo: Folcroft Library, 1976.
GUILLAUME, Paul. *Psicologia da Forma*. São Paulo: Cia. Editora Nacional, 1966.
GUINSBURG, Jacó (org.). *O Romantismo*. 4. ed. São Paulo: Perspectiva, 2002.
KIRSCHBAUM, Leo. *Character and Characterization in Shakespeare*. Detroit: Wayne State University Press, 1962.
KNIGHT, Diana. *Flaubert's Characters. The Language of Illusion*. New York: Cambridge University Press, 1985.
KOTHE, Flávio. *O Herói*. São Paulo: Ática, 1985.
NIELSEN, Marit Bjerkeng. *Two Women Characters in Cechov's Work and Some Aspects of his Portrayal of Women*. Oslo: Universitetet, 1975.
PIDOUX, Jean-Yves. *Acteurs et personnages: L'Interpretation dans les esthétiques théâtrales du XX siècle*. Lausanne: L'Aire Théâtrale, 1986.

POLTI, Georges. *L'Art d'inventer les personnages*. Plan de la Tour: Editions d'Aujourd'hui, 1986.
PRANDI, Julie D. *Spirited Women Heroes: Major Female Characters in the Dramas of Goethe, Schiller and Kleist*. New York: Peter Lang, 1983.
SCHLUETER, June. *Metafictional Characters in Modern Drama*. New York: Columbia University Press, 1979.
TORRANCE, Robert Mitchell. *The Comic Hero*. Cambridge: Harvard University Press, 1979.

SOBRE TEORIA DO TEATRO

ARISTÓTELES. *Arte Retórica e Arte Poética*. Trad. de Antonio Pinho de Carvalho. Rio de Janeiro: Ediouro, s.d.
ARTAUD, Antonin. *O Teatro e Seu Duplo*. Trad. Fiama Hasse Pais Brandão. Lisboa: Minotauro, s.d.
BARTHES, Roland. *Racine*. Trad. Antonio Carlos Vieira. Porto Alegre: L&PM, 1987.
BENJAMIN, Walter. *Origem do Drama Barroco Alemão*. Trad. Sergio Paulo Rouanet. São Paulo: Brasiliense, 1984.
BENTLEY, Eric. *In Search of Theater*. New York: Vintage Books, 1954.
_____. *The Playwright as Thinker: A Study of Drama in Modern Times*. New York: Reynal & Hitchcock, 1946.
BERGSON, Henri. *O Riso*. Rio de Janeiro: Zahar, 1980.
CORRIGAN, Robert W. (org.). *Theatre in the Twentieth Century*. New York: Grove Press, 1963.
_____. *Reflections: Essays on Modern Theatre*. New York: Anchor Books, 1971.
ESSLIN, Martin. *O Teatro do Absurdo*. Trad. Bárbara Heliodora. Rio de Janeiro: Zahar, 1968.
FOWLIE, Wallace. *Dionysus in Paris*. New York: Meridian Books, 1967.
FRYE, Northrop. *Anatomia da Crítica*. Trad. Péricles Eugênio da Silva Ramos. São Paulo: Cultrix, s.d.
GILMAN, Richard. *The Making of Modern Drama: A Study of Büchner, Ibsen, Strindberg, Chekhov, Pirandello, Brecht, Beckett, Handke*. New York: Farrar, Straus and Giroux, 1974.
GOLDMANN, Lucien. *Sociologia do Romance*. Trad. Álvaro Cabral. Rio de Janeiro: Paz e Terra, 1967.
GROSSVOGEL, D.I. *The Blasphemers*. Ithaca: Cornell University Press, 1965.
GROTOWSKI, Jerzy. *Para um Teatro Pobre*. Trad. de Rosa Macedo e J. A. Osório Mateus. Lisboa: Forja, 1975.
GUINSBURG, J. *O Romantismo*. São Paulo: Perspectiva, 1978. (Coleção Stylus).
HEGEL, Georg Wilhelm Friedrich. *Estética*. Trad. Álvaro Ribeiro. Lisboa: Guimarães, 1964, v. 7.
HUGO, Victor. *Do Grotesco e do Sublime: Tradução do "Prefácio de Cromwell"*. Trad. Célia Berrentini. São Paulo: Perspectiva, s.d. (Coleção Elos).
KERR, Walter. *Tragedy & Comedy*. New York: Da Capo, 1985.
LESSING, Gotthold Ephraim. *De Teatro e Literatura*. Trad. Anatol Rosenfeld. São Paulo: Herder, 1964.

LESKI, Albin. *A Tragédia Grega*. Trad. de J. Guinsburg; Geraldo Gerson de Souza; Alberto Guzik. São Paulo: Perspectiva, 1976. (Coleção Debates).
PRONKO, Leonard C. *Avant-Garde: The Experimental Theatre in France*. California: University of California Press, 1964.
ROSENFELD, Anatol. *O Mito e o Herói no Moderno Teatro Brasileiro*. São Paulo: Perspectiva, 1977. (Coleção Debates).
_____. *Teatro Moderno*. 2. ed. São Paulo: Perspectiva, 1997. (Coleção Debates).
_____. *Texto/Contexto I*. 5. ed. São Paulo: Perspectiva, 1996. (Coleção Debates).
SARRAZAC, Jean-Pierre. *L'Avenir du drame: Ecritures dramatiques contemporaines*. Lausanne: L'Aire Théâtrale, 1981.
SCHILLER, Friedrich. *Teoria da Tragédia*. Trad. Anatol Rosenfeld. São Paulo: Herder, 1964.
STAIGER, Emil. *Conceitos Fundamentais da Poética*. Trad. Celeste Aida Galeão. Rio de Janeiro: Tempo Brasileiro, 1969.
STEINER, George. *The Death of Tragedy*. London: Faber and Faber, 1982.
SOURIAU, Etienne. *Les Deux cent mille situations dramatiques*. Paris: Flammarion, 1950.
SZONDI, Peter. *Theory of the Modern Drama*. Trad. Michael Hays. Minneapolis: University of Minnesota Press, 1987.
WELLWARTH, George E. *Teatro de Protesto y Paradoja*. Trad. Sebastian Alemany. Barcelona: Lúmen, 1966.
ZOLA, Emile. *O Romance Experimental e o Naturalismo no Teatro*. Trad. Ítalo Caroni; Célia Berrentini. São Paulo: Perspectiva, 1982. (Coleção Elos).

TEXTOS DRAMATÚRGICOS

ALBEE, Edward. *The Zoo Story; The Death of Bessie Smith; The Sandbox; The American Dream*. New York: Coward McCamm & Goeghegam, 1981.
ANDRADE, Jorge. A Moratória. In: *Marta a Árvore e o Relógio*. São Paulo: Perspectiva, 1986. (Coleção Textos).
ARISTÓFANES. *Lisístrata; As Nuvens*. Trad. Millôr Fernandes. São Paulo: Abril Cultural, 1977. (Coleção Teatro Vivo).
ARISTÓFANES; MENANDRO. *A Paz; O Misantropo*. Trad. Mário da Gama Kury. Rio de Janeiro: Ediouro, s.d.
ARRABAL, Fernando. *O Arquiteto e o Imperador da Assíria*. Trad. de Leila Ribeiro; Ivan Albuquerque. São Paulo: Abril Cultural, 1976. (Coleção Teatro Vivo).
BECKETT, Samuel. *Dias Felizes*. Trad. Jaime Salazar Sampaio. Lisboa: Estampa, 1973.
_____. *Esperando Godot*. São Paulo: Abril Cultural, 1977. (Coleção Teatro Vivo).
BRECHT, Bertolt. *Ti Coragem e os seus Filhos; A Boa Alma de Sé-Chuão*. Teatro I. Trad. Ilse Losa. Lisboa: Fundão, s.d.
_____. *Baal. Teatro Completo*. Trad. Marcio Aurélio. São Paulo: Paz e Terra, 1986.
BÜCHNER, Georg. *Woyzeck; Leonce e Lena*. Trad. João Marschner. São Paulo: Brasiliense, s.d.
CAMUS, Albert. *El Malentendido*. Trad. Aurora Bernardez; Guilhermo de Torre. Madrid: Losada, 1982.
DIAS, Gonçalves. *Leonor de Mendonça. Teatro Completo*. Rio de Janeiro: MEC--Seac-FunartE-SNT, 1979. (Coleção Clássicos do Teatro Brasileiro).

DÜRRENMATT, Friedrich. *A Visita da Velha Senhora*. Trad. Mário da Silva. Rio de Janeiro: Agir, 1963.
ÉSQUILO; SÓFOCLES. *Obra Completa*. Trad. P. Girard. Buenos Aires: El Ateneo, 1950.
EURÍPEDES. *Las Diecinueve Tragedias de Eurípedes*. Cidade do México: Porrúa, 1975.
GOETHE, Johann Wolfgang von. *Ifigênia em Tauride*. Trad. Carlos Alberto Nunes. São Paulo: Instituto Hans Staden, 1964.
_____. *Egmont: Tragédia em Cinco Atos*. Trad. Hamilcar Turelli. São Paulo: Melhoramentos, 1949.
_____. *O Fausto*. Trad. Jenny Klabin Segall. Belo Horizonte: Itatiaia, 1987.
GOMES, Dias. *O Pagador de Promessas*. Rio de Janeiro: Civilização Brasileira, 1983, v. 1. (Coleção Teatro de Dias Gomes).
HASENCLEVER, Walter. *Il Figlio*. Trad. Iraíde Bitossi. Florança: Biblioteca di Lipsia, 1977.
HAUPTMANN, Gerhart. *Os Tecelões*. Trad. Brutus Pedreira. São Paulo: Brasiliense, 1968.
IBSEN, Henrik. *Teatro Completo*. Trad. Else Wasteson. Madrid: Aguilar, 1979.
IONESCO, Eugène. *Obras Completas*. Trad. Luís Echavarri; Maria Martinez Sierra. Madrid: Aguilar, 1974.
JARRY, Alfred. *Ubu-Rei*. Trad. José Rubens Siqueira. São Paulo: Max Limonad, 1986.
KAISER, Georg; TOLLER, Ernst. *Teatro e Política*. Rio de Janeiro/São Paulo: Expressionismo/Paz e Terra, 1983.
LA BARCA, Calderón de. *A Vida é Sonho*. Trad. de Manuel Gusmão. Lisboa: Estampa,1973.
LORCA, Federico García. *Obras Completas*. Madrid: Aguilar, 1962.
MACHIAVEL, Nicolau. *A Mandrágora*. Trad. de Mário da Silva. São Paulo: Abril Cultural, 1976. (Coleção Teatro Vivo).
MAETERLINCK, Maurice. *Peleás e Melisanda*. Trad. Newton Beleza. Rio de Janeiro: Americana, 1977.
MARCOS, Plínio. *Navalha na Carne*. São Paulo: Parma, 1984.
MOLIÈRE. *O Ciúme do Barbouillé*; *O Médico Volante*; *O Casamento Forçado*; *Amor Médico*; *Jorge Dandin*. Trad. Maria José de Carvalho. Rio de Janeiro: Papyrus, 1965.
_____. *O Misantropo*. Trad. Luis Miguel Cintra. Lisboa: Estampa, 1973.
_____. *Tartufo*; *Escola de Mulheres*; *O Burguês Fidalgo*. Trad. Octávio Mendes Cajado. São Paulo: Abril Cultural, 1983.
MOLINA, Tirso de. *O Sedutor de Sevilha*; *O Amor Médico*; *O Tímido do Palácio*. Porto: Civilização, 1967.
MÜLLER, Heiner. *Quatro Textos para Teatro: Mauser*; *Hamlet Máquina*; *A Missão*; *Quarteto*. São Paulo: Usitec, 1968.
OBALDIA, René. *O Defunto*. In: *Cadernos de Teatro n. 90*. Rio de Janeiro: O Tablado, 1981.
O'NEIL, E. *Extraño Interludio in Nueve Dramas*. Trad. de Leon Mirlas. Buenos Aires: Sudamericana, 1949.
PENA, Martins. *Os Três Médicos*. *Comédias de Martins Pena*. Rio de Janeiro: Ediouro, s.d.
PIRANDELLO, Luigi. *Seis Personagens em Busca de um Autor*. Trad. Brutus Pedreira. São Paulo: Abril Cultural, 1976. (Coleção Teatro Vivo).
PLAUTO; TERÊNCIO. *Anfitrião*; *O Misantropo*; *Alulária*; *Os Cativos*; *O Eunuco*. Rio de Janeiro: Ediouro, s.d.

RACINE, Jean. *Teatro Completo*. Trad. Corina J. Reynolds. Madrid: Nacional, 1982.
SARTRE, Jean-Paul. *Entre Quatro Paredes*. Trad. Guilherme de Almeida. São Paulo: Abril Cultural, 1987. (Coleção Teatro Vivo).
SCHILLER, Friedrich. *Teatro Completo*. Trad. Rafael Cansinos Assens; Manuel Tamayo. Madrid: Aguilar,1973.
SÊNECA. *Obras*. São Paulo: Atena, s.d.
SHAKESPEARE, William. *Obra Completa*. Rio de Janeiro: Aguilar, 1988.
SHEPARD, Sam. *Buried Child; Seduced; Suicide in Bb*. New York: Urizen Books, 1979.
STRINDBERG, August. *Teatro Escogido*. Madrid: Alianza, 1982.
_____. *The Plays of Strindberg*. New York: Vintage Books, 1972, v. 1.
TCHÉKHOV, Anton. *Teatro Completo*. Trad. Jesus Lopez Pacheco. Madrid: Aguilar, 1979.
VÁRIOS. *Anthology of German Expressionist Drama*. Ithaca/London: Cornell University Press, 1984.
VEGA, Lope de. *Teatro*. Madrid: Nacional, 1975.
_____. *Peribanez y Fuente Ovejuna*. Madrid: Alianza 1983.
WEDEKIND, Frank. *O Despertar da Primavera*. Trad. Maria Adélia Silva Melo, Lisboa: Estampa, 1973.
WILDER, Thornton. *Our Town; The Skin of our Teeth; The Matchmaker*. New York: Penguin, 1979.
WILLIAMS, Tennessee. *Um Bonde Chamado Desejo*. Trad. Brutus Pedreira. São Paulo: Abril Cultural/Câmara Brasileira do Livro, 1980.

OUTRAS PEÇAS*

AMARAL, Maria Adelaide. *De Braços Abertos*. Cópia reprográfica.
ARAP, Fauzi. *Às Margens da Ipiranga*. Cópia reprográfica.
BRECHT, Bertolt. *O Círculo de Giz Caucasiano*. Trad. Geir Campos. Cópia reprográfica.
CORNEILLE, Pierre. *O Cid*. Cópia reprográfica.
HUGO, Victor. *Ernâni; O Rei se Diverte*. Cópia reprográfica.
KAISER, Georg. *Gas*. Trad. Renata Pallottini. Texto datilografado.
KLEIST, Heinrich von. *A Bilha Quebrada*. Trad. Esther Mesquita. Texto datilografado.
MAIAKÓVISKI, Vladimir. *O Mistério Bufo*. Texto datilografado.
MÜLLER, Heiner. *O Horácio*. Trad. Ingrid Koudela. Cópia reprográfica.
MUSSET. *Lorenzaccio*. Cópia reprográfica.
PIRANDELLO, Luigi. *A Verdade de Cada Um*. Trad. Brutus Pedreira. Texto datilografado.
PONTES, Paulo. *A Gota D'Água*. Cópia reprográfica.
SHELLEY. *The Cenci*. Cópia reprográfica.

---

* Textos consultados na biblioteca da ECA-USP, com exceção do de Vitrac, que está na biblioteca da Unicamp, que consistem de material utilizado em montagens, daí a ausência de qualquer informação com referência a dados de publicação.

STRAUSS, Botho. *O Grande e o Pequeno*. Trad. Millôr Fernandes. Texto datilografado.

VITRAC, Roger. *Vitor, ou as Crianças no Poder*. Trad. Martins Gonçalves. Texto datilografado.

BIBLIOGRAFIA COMPLEMENTAR

BERGSON, Henri. *Bergson*. São Paulo: Abril, 1979. Coleção Os Pensadores.

BIANCHI, Ana M. *A Pré-História da Economia: De Maquiavel a Adam Smith*. São Paulo: Hucitec, 1988.

CAMUS, Albert. *Le Mythe de Sisyphe: Essai sur L'Absurde*. Paris: Gallimard, 1942.

ESTEVAM, Carlos. *Freud: Vida e Obra*. Rio de Janeiro: Paz e Terra, 1978

FROMM, Erich. *Conceito Marxista do Homem*. Trad. Otávio Alves Velho. Rio de Janeiro: Zahar, 1967.

KANT, Emmanuel. *Critique of Judgment*. Trad. J. H. Bernard. New York/London: Hafner Publishing, 1968.

KIERKEGAARD, Soren. *Kierkegaard*. São Paulo: Abril, 1979. Coleção Os Pensadores.

LICHTENBERGER, James P. *Development of Social Theory*. New York/London: The Century Co., 1925.

LYOTARD, Jean-François. *A Fenomenologia*. Trad. Mary Amazonas Leite de Barros. São Paulo: Difusão Europeia do Livro, 1967.

MONTAIGNE, Michel de. *Ensaios*. Trad. Sergio Milliet. Brasíla: Hucitec/Editora da UnB, 1987.

ROUSSEAU, Jean-Jacques. *Discurso Sobre a Origem e os Fundamentos da Desigualdade entre os Homens*. São Paulo: Martins Fontes, 1993.

SILVEIRA, Nise da. *Jung: Vida e Obra*. Rio de Janeiro: Paz e Terra, 1981.

COLEÇÃO ESTUDOS

1. *Introdução à Cibernética*, W. Ross Ashby
2. *Mimesis*, Erich Auerbach
3. *A Criação Científica*, Abraham Moles
4. *Homo Ludens*, Johan Huizinga
5. *A Lingüística Estrutural*, Giulio C. Lepschy
6. *A Estrutura Ausente*, Umberto Eco
7. *Comportamento*, Donald Broadbent
8. *Nordeste 1817*, Carlos Guilherme Mota
9. *Cristãos-Novos na Bahia*, Anita Novinsky
10. *A Inteligência Humana*, H. J. Butcher
11. *João Caetano*, Décio de Almeida Prado
12. *As Grandes Correntes da Mística Judaica*, Gershom Scholem
13. *Vida e Valores do Povo Judeu*, Cecil Roth e outros
14. *A Lógica da Criação Literária*, Käte Hamburger
15. *Sociodinâmica da Cultura*, Abraham Moles
16. *Gramatologia*, Jacques Derrida
17. *Estampagem e Aprendizagem Inicial*, W. Sluckin
18. *Estudos Afro-Brasileiros*, Roger Bastide
19. *Morfologia do Macunaíma*, Haroldo de Campos
20. *A Economia das Trocas Simbólicas*, Pierre Bourdieu
21. *A Realidade Figurativa*, Pierre Francastel
22. *Humberto Mauro, Cataguases, Cinearte*, Paulo Emílio Salles Gomes
23. *História e Historiografia do Povo Judeu*, Salo W. Baron
24. *Fernando Pessoa ou o Poetodrama*, José Augusto Seabra
25. *As Formas do Conteúdo*, Umberto Eco
26. *Filosofia da Nova Música*, Theodor Adorno
27. *Por uma Arquitetura*, Le Corbusier
28. *Percepção e Experiência*, M. D. Vernon
29. *Filosofia do Estilo*, G. G. Granger
30. *A Tradição do Novo*, Harold Rosenberg
31. *Introdução à Gramática Gerativa*, Nicolas Ruwet
32. *Sociologia da Cultura*, Karl Mannheim
33. *Tarsila sua Obra e seu Tempo* (2 vols.), Aracy Amaral*
34. *O Mito Ariano*, Léon Poliakov
35. *Lógica do Sentido*, Gilles Delleuze
36. *Mestres do Teatro I*, John Gassner
37. *O Regionalismo Gaúcho*, Joseph L. Love
38. *Sociedade, Mudança e Política*, Hélio Jaguaribe
39. *Desenvolvimento Político*, Hélio Jaguaribe
40. *Crises e Alternativas da América Latina*, Hélio Jaguaribe
41. *De Geração a Geração*, S. N. Eisenstadt
42. *Política Econômica e Desenvolvimento do Brasil*, Nathanael H. Leff
43. *Prolegômenos a uma Teoria da Linguagem*, Louis Hjelmslev
44. *Sentimento e Forma*, Susanne K. Langer
45. *A Política e o Conhecimento Sociológico*, F. G. Castles*
46. *Semiótica*, Charles S. Peirce
47. *Ensaios de Sociologia*, Marcel Mauss
48. *Mestres do Teatro II*, John Gassner
49. *Uma Poética para Antonio Machado*, Ricardo Gullón
50. *Burocracia e Sociedade no Brasil Colonial*, Stuart B. Schwartz

* Fora de catálogo.

51. *A Visão Existenciadora*, Evaldo Coutinho
52. *América Latina em sua Literatura*, Unesco
53. *Os Nuer*, E. E. Evans-Pritchard
54. *Introdução à Textologia*, Roger Laufer
55. *O Lugar de Todos os Lugares*, Evaldo Coutinho
56. *Sociedade Israelense*, S. N. Eisenstadt
57. *Das Arcadas do Bacharelismo*, Alberto Venancio Filho
58. *Artaud e o Teatro*, Alain Virmaux
59. *O Espaço da Arquitetura*, Evaldo Coutinho
60. *Antropologia Aplicada*, Roger Bastide
61. *História da Loucura*, Michel Foucault
62. *Improvisação para o Teatro*, Viola Spolin
63. *De Cristo aos Judeus da Corte*, Léon Poliakov
64. *De Maomé aos Marranos*, Léon Poliakov
65. *De Voltaire a Wagner*, Léon Poliakov
66. *A Europa Suicida*, Léon Poliakov
67. *O Urbanismo*, Françoise Choay
68. *Pedagogia Institucional*, A. Vasquez e F. Oury*
69. *Pessoa e Personagem*, Michel Zeraffa
70. *O Convívio Alegórico*, Evaldo Coutinho
71. *O Convênio do Café*, Celso Lafer
72. *A Linguagem*, Edward Sapir
73. *Tratado Geral de Semiótica*, Umberto Eco
74. *Ser e Estar em Nós*, Evaldo Coutinho
75. *Estrutura da Teoria Psicanalítica*, David Rapaport
76. *Jogo, Teatro & Pensamento*, Richard Courtney
77. *Teoria Crítica I*, Max Horkheimer
78. *A Subordinação ao Nosso Existir*, Evaldo Coutinho
79. *A Estratégia dos Signos*, Lucrécia D'Aléssio Ferrara
80. *Teatro: Leste & Oeste*, Leonard C. Pronko
81. *Freud: a Trama dos Conceitos*, Renato Mezan
82. *Vanguarda e Cosmopolitismo*, Jorge Schwartz
83. *O Livro dIsso*, Georg Groddeck
84. *A Testemunha Participante*, Evaldo Coutinho
85. *Como se Faz uma Tese*, Umberto Eco
86. *Uma Atriz: Cacilda Becker*, Nanci Fernandes e Maria Thereza Vargas (orgs.)
87. *Jesus e Israel*, Jules Isaac
88. *A Regra e o Modelo*, Françoise Choay
89. *Lector in Fabula*, Umberto Eco
90. *TBC: Crônica de um Sonho*, Alberto Guzik
91. *Os Processos Criativos de Robert Wilson*, Luiz Roberto Galizia
92. *Poética em Ação*, Roman Jakobson
93. *Tradução Intersemiótica*, Julio Plaza
94. *Futurismo: uma Poética da Modernidade*, Annateresa Fabris
95. *Melanie Klein I*, Jean-Michel Petot
96. *Melanie Klein II*, Jean-Michel Petot
97. *A Artisticidade do Ser*, Evaldo Coutinho
98. *Nelson Rodrigues: Dramaturgia e Encenações*, Sábato Magaldi
99. *O Homem e seu Isso*, Georg Groddeck
100. *José de Alencar e o Teatro*, João Roberto Faria
101. *Fernando de Azevedo: Educação e Transformação*, Maria Luiza Penna
102. *Dilthey: um Conceito de Vida e uma Pedagogia*, Maria Nazaré de C. P. Amaral

103. *Sobre o Trabalho do Ator*, Mauro Meiches e Silvia Fernandes
104. *Zumbi, Tiradentes*, Cláudia de Arruda Campos
105. *Um Outro Mundo: a Infância*, Marie-José Chombart de Lauwe
106. *Tempo e Religião*, Walter I. Rehfeld
107. *Arthur Azevedo: a Palavra e o Riso*, Antonio Martins
108. *Arte, Privilégio e Distinção*, José Carlos Durand
109. *A Imagem Inconsciente do Corpo*, Françoise Dolto
110. *Acoplagem no Espaço*, Oswaldino Marques
111. *O Texto no Teatro*, Sábato Magaldi
112. *Portinari, Pintor Social*, Annateresa Fabris
113. *Teatro da Militância*, Silvana Garcia
114. *A Religião de Israel*, Yehezkel Kaufmann
115. *Que é Literatura Comparada?*, Brunel, Pichois, Rousseau
116. *A Revolução Psicanalítica*, Marthe Robert
117. *Brecht: um Jogo de Aprendizagem*, Ingrid Dormien Koudela
118. *Arquitetura Pós-Industrial*, Raffaele Raja
119. *O Ator no Século xx*, Odette Aslan
120. *Estudos Psicanalíticos sobre Psicossomática*, Georg Groddeck
121. *O Signo de Três*, Umberto Eco e Thomas A. Sebeok
122. *Zeami: Cena e Pensamento Nô*, Sakae M. Giroux
123. *Cidades do Amanhã*, Peter Hall
124. *A Causalidade Diabólica i*, Léon Poliakov
125. *A Causalidade Diabólica ii*, Léon Poliakov
126. *A Imagem no Ensino da Arte*, Ana Mae Barbosa
127. *Um Teatro da Mulher*, Elza Cunha de Vicenzo
128. *Fala Gestual*, Ana Claudia de Oliveira
129. *O Livro de São Cipriano: uma Legenda de Massas*, Jerusa Pires Ferreira
130. *Kósmos Noetós*, Ivo Assad Ibri
131. *Concerto Barroco às Óperas do Judeu*, Francisco Maciel Silveira
132. *Sérgio Milliet, Crítico de Arte*, Lisbeth Rebollo Gonçalves
133. *Os Teatros Bunraku e Kabuki: Uma Visada Barroca*, Darci Kusano
134. *O Idiche e seu Significado*, Benjamin Harshav
135. *O Limite da Interpretação*, Umberto Eco
136. *O Teatro Realista no Brasil: 1855-1865*, João Roberto Faria
137. *A República de Hemingway*, Giselle Beiguelman-Messina
138. *O Futurismo Paulista*, Annateresa Fabris
139. *Em Espelho Crítico*, Robert Alter
140. *Antunes Filho e a Dimensão Utópica*, Sebastião Milaré
141. *Sabatai Tzvi: O Messias Místico i, ii, iii*, Gershom Scholem
142. *História e Narração em Walter Benjamin*, Jeanne Marie Gagnebin
143. *A Política e o Romance*, Irwing Howe
144. *Os Direitos Humanos como Tema Global*, J. A. Lindgren
145. *O Truque e a Alma*, Angelo Maria Ripellino
146. *Os Espirituais Franciscanos*, Nachman Falbel
147. *A Imagem Autônoma*, Evaldo Coutinho
148. *A Procura da Lucidez em Artaud*, Vera Lúcia Gonçalves Felício
149. *Memória e Invenção: Gerald Thomas em Cena*, Sílvia Fernandes Telesi
150. *Nos Jardins de Burle Marx*, Jacques Leenhardt
151. *O Inspetor Geral de Gógol/Meyerhold*, Arlete Cavalière
152. *O Teatro de Heiner Müller*, Ruth Röhl
153. *Psicanálise, Estética e Ética do Desejo*, Maria Inês França
154. *Cabala: Novas Perspectivas*, Moshe Idel
155. *Falando de Shakespeare*, Barbara Heliodora

156. *Imigrantes Judeus / Escritores Brasileiros*, Regina Igel
157. *A Morte Social dos Rios*, Mauro Leonel
158. *Barroco e Modernidade*, Irlemar Chiampi
159. *Moderna Dramaturgia Brasileira*, Sábato Magaldi
160. *O Tempo Não-Reconciliado*, Peter Pál Pelbart
161. *O Significado da Pintura Abstrata*, Mauricio Mattos Puls
162. *Work in Progress na Cena Contemporânea*, Renato Cohen
163. *Mito e Tragédia na Grécia Antiga*, Jean-Pierre Vernant e Pierre Vidal-Naquet
164. *A Teoria Geral dos Signos*, Elisabeth Walther
165. *Lasar Segall: Expressionismo e Judaísmo*, Cláudia Valladão Mattos
166. *Escritos Psicanalíticos sobre Literatura e Arte*, Georg Groddeck
167. *Norbert Elias, a Política e a História*, Alain Garrigou e Bernard Lacroix
168. *A Cultura Grega e a Origem do Pensamento Europeu*, Bruno Snell
169. *O Freudismo – Esboço Crítico*, M. M. Bakhtin
170. *Stanislávski, Meierhold & Cia.*, J. Guinsburg
171. *O Anti-Semitismo na Era Vargas*, Maria Luiza Tucci Carneiro
172. *Apresentação do Teatro Brasileiro Moderno*, Décio de Almeida Prado
173. *Imaginários Urbanos*, Armando Silva Tellez
174. *Psicanálise em Nova Chave*, Isaias Melsohn
175. *Da Cena em Cena*, J. Guinsburg
176. *Jesus*, David Flusser
177. *O Ator Compositor*, Matteo Bonfitto
178. *Freud e Édipo*, Peter L. Rudnytsky
179. *Avicena: A Viagem da Alma*, Rosalie Helena de Souza Pereira
180. *Em Guarda Contra o "Perigo Vermelho"*, Rodrigo Sá Motta
181. *A Casa Subjetiva*, Ludmila de Lima Brandão
182. *Ruggero Jacobbi*, Berenice Raulino
183. *Presenças do Outro*, Eric Landowski
184. *O Papel do Corpo no Corpo do Ator*, Sônia Machado Azevedo
185. *O Teatro em Progresso*, Décio de Almeida Prado
186. *Édipo em Tebas*, Bernard Knox
187. *Arquitetura e Judaísmo: Mendelsohn*, Bruno Zevi
188. *Uma Arquitetura da Indiferença*, Annie Dymetman
189. *A Casa de Adão no Paraíso*, Joseph Rykwert
190. *Pós-Brasília: Rumos da Arquitetura Brasileira*, Maria Alice Junqueira Bastos
191. *Entre Passos e Rastros*, Berta Waldman
192. *Depois do Espetáculo*, Sábato Magaldi
193. *Franz Kafka: Um Judaísmo na Ponte do Impossível*, Enrique Mandelbaum
194. *Em Busca da Brasilidade*, Claudia Braga
195. *O Fragmento e a Síntese*, Jorge Anthonio e Silva
196. *A Análise dos Espetáculos*, Patrice Pavis
197. *Preconceito Racial: Portugal e Brasil-Colônia*, Maria Luiza Tucci Carneiro
198. *Nas Sendas do Judaísmo*, Walter I. Rehfeld
199. *O Terceiro Olho*, Francisco Elinaldo Teixeira
200. *Maimônides, O Mestre*, Rabino Samy Pinto
201. *A Síntese Histórica e a Escola dos Anais*, Aaron Guriêvitch
202. *Cabala e Contra-História*, David Biale
203. *A Sombra de Ulisses*, Piero Boitani
204. *Samuel Beckett: Escritor Plural*, Célia Berrettini
205. *Nietzsche e a Justiça*, Eduardo Rezende Melo
206. *O Canto dos Afetos: Um Dizer Humanista*, Ibaney Chasin
207. *As Máscaras Mutáveis do Buda Dourado*, Mark Olsen
208. *O Legado de Violações dos Direitos Humanos no Cone Sul*, L. Roniger e M. Sznajder

209. *Tolerância Zero e Democracia no Brasil*, Benoni Belli
210. *Ética contra Estética*, Amelia Valcárcel
211. *Crítica da Razão Teatral*, Alessandra Vannucci (org.)
212. *Os Direitos Humanos na Pós-Modernidade*, José Augusto Lindgren Alves
213. *Caos / Dramaturgia*, Rubens Rewald
214. *Crítica Genética e Psicanálise*, Philippe Willemart
215. *Em que Mundo Viveremos?*, Michel Wieviorka
216. *Desejo Colonial*, Robert J. C. Young
217. *Para Ler o Teatro*, Anne Ubersfeld
218. *O Umbral da Sombra*, Nuccio Ordine
219. *Espiritualidade Budista I*, Takeuchi Yoshinori
220. *Entre o Mediterrâneo e o Atlântico*, Maria Lúcia de Souza Barros Pupo
221. *As Nazitatuagens: Inscrições ou Injúrias no Corpo Humano?*, Célia M. A. Ramos
222. *Memórias de Vida, Memórias de Guerra*, Fernando Frochtengarten
223. *Sinfonia Titã: Semântica e Retórica*, Henrique Lian
224. *Metrópole e Abstração*, Ricardo Marques de Azevedo
225. *Yukio Mishima: o Homem de Teatro e de Cinema*, Darci Yasuco Kusano
226. *O Teatro da Natureza*, Marta Metzler
227. *Margem e Centro*, Ana Lúcia Vieira de Andrade
228. *A Morte da Tragédia*, George Steiner
229. *Ibsen e o Novo Sujeito da Modernidade*, Tereza Menezes
230. *Ver a Terra: Seis Ensaios sobre a Paisagem e a Geografia*, Jean-Marc Besse
231. *Em Busca de um Lugar no Mundo*, Silvia Gombi dos Santos
232. *Teatro Sempre*, Sábato Magaldi
233. *O Ator como Xamã*, Gilberto Icle
234. *A Idéia de Cidade*, Joseph Rykwert
235. *A Terra de Cinzas e Diamantes*, Eugenio Barba
236. *A Literatura da República Democrática Alemã*, Ruth Röhl e Bernhard J. Schwarz
237. *A Ostra e a Pérola*, Adriana Dantas de Mariz
238. *Tolstói ou Dostoiévski*, George Steiner
239. *A Esquerda Difícil*, Ruy Fausto
240. *A Crítica de um Teatro Crítico*, Rosangela Patriota
241. *Educação e Liberdade em Wilhelm Reich*, Zeca Sampaio
242. *Dialéticas da Transgressão*, Wladimir Krysinski
243. *Viaje a la Luna*, Reto Melchior
244. *1789-1799: A Revolução Francesa*, Carlos Guilherme Mota
245. *Proust: A Violência Sutil do Riso*, Leda Tenório da Motta
246. *Ensaios Filosóficos*, Walter I. Rehfeld
247. *O Teatro no Cruzamento de Culturas*, Patrice Pavis
248. *Ensino da Arte: Memória e História*, Ana Mae Barbosa (org.)
249. *Eisenstein Ultrateatral*, Vanessa Oliveira
250. *Filosofia do Judaísmo em Abraham Joshua Heschel*, Glória Hazan
251. *Os Símbolos do Centro*, Raïssa Cavalcanti
252. *Teatro em Foco*, Sábato Magaldi
253. *Autopoiesis. Semiótica. Ecritura*, Eduardo Elias
254. *A Arte do Ator*, Ana Portich
255. *Violência ou Diálogo?*, Sverre Varvin e Vamik D. Volkan (orgs.)
256. *O Teatro no Século XVIII*, Renata S. Junqueira e Maria Gloria C. Mazzi
257. *Poética do Traduzir*, Henri Meschonnic
258. *A Gargalhada de Ulisses*, Cleise Furtado Mendes
259. *Dramaturgia da Memória no Teatro-Dança*, Lícia Maria Morais Sánchez
260. *A Cena em Ensaios*, Béatrice Picon-Vallin
261. *Introdução às Linguagens Totalitárias*, Jean-Pierre Faye

262. *O Teatro da Morte*, Tadeusz Kantor
263. *A Escritura Política no Texto Teatral*, Hans-Thies Lehmann
264. *Os Processos de Criação na Escritura, na Arte e na Psicanálise*, Philippe Willemart
265. *Dramaturgias da Autonomia*, Ana Lúcia Marques Camargo Ferraz
266. *Música Serva D'Alma: Claudio Monteverdi – Ad voce Umanissima*, Ibaney Chasin
267. *Na Cena do dr. Dapertutto*, Maria Thais Lima Santos
268. *A Cinética do Invisível*, Matteo Bonfitto
269. *História e Literatura*, Francisco Iglésias
270. *A Politização dos Direitos Humanos*, Benoni Belli
271. *A Escritura e a Diferença*, Jacques Derrida
273. *Outro Dia: Intervenções, Entrevistas, Outros Tempos*, Ruy Fausto
274. *A Descoberta da Europa pelo Islã*, Bernard lewis
275. *Luigi Pirandello: Um Teatro para Marta Abba*, Martha Ribeiro
276. *Tempos de Casa-Grande (1930-1940)*, Silvia Cortez Silva
277. *Teatralidades Contemporâneas*, Sílvia Fernandes
278. *Conversas sobre a Formação do Ator*, Jacques Lassalle e Jean-Loup Rivière
279. *Encenação Contemporânea*, Patrice Pavis
280. *O Idioma Pedra de João Cabral*, Solange Rebuzzi
281. *Monstrutivismo: Reta e Curva das Vanguardas*, Lucio Agra
282. *Manoel de Oliveira: Uma Presença*, Renata Soares Junqueira (org.)
283. *As Redes dos Oprimidos*, Tristan Castro-Pozo
284. *O Mosteiro de Shaolin: História, Religião e as Artes Marciais Chinesas*, Meir Shahar
285. *Cartas a uma Jovem Psicanalista*, Heitor O´Dwyer de Macedo
286. *Gilberto Gil: A Poética e a Política do Corpo*, Cássia Lopes
287. *O Desafio das Desigualdades*, Pierre Salama
288. *Notas Republicanas*, Alberto Venancio Filho
289. *Mística e Razão: Dialética no Pensamento Judaico*, Alexandre Leone
290. *O Espaço da Tragédia: Na Cenografia Brasileira Contemporânea*, Gilson Motta
291. *A Cena Contaminada*, José Tonezzi
292. *O Homem e a Terra*, Eric Dardel
293. *A Simulação da Morte*, Lúcio Vaz
294. *A Gênese da Vertigem*, Antonio Araújo
295. *História do Urbanismo Europeu*, Donatella Calabi
296. *Trabalhar com Grotowski*, Thomas Richards
297. *A Fragmentação da Personagem*, Maria Lúcia Levy Candeias

Este livro foi impresso na cidade de São Paulo,
nas oficinas da Gráfica Mark Press, em abril de 2012,
para a Editora Perspectiva.